图书编辑工作 ABC

唐 晴 著

中国书籍出版社
China Book Press

图书在版编目(CIP)数据

图书编辑工作 ABC / 唐晴著. —北京：中国书籍出版社，2014.10
ISBN 978-7-5068-4540-3

Ⅰ.①图… Ⅱ.①唐… Ⅲ.①编辑工作—基本知识 Ⅳ.①G232

中国版本图书馆 CIP 数据核字（2014）第 250019 号

图书编辑工作 ABC

唐晴 著

责任编辑	刘 娜
责任印制	孙马飞 马 芝
封面设计	楠竹文化
出版发行	中国书籍出版社
地　　址	北京市丰台区三路居路 97 号（邮编：100073）
电　　话	（010）52257143（总编室）　　（010）52257153（发行部）
电子邮箱	chinabp@vip.sina.com
经　　销	全国新华书店
印　　刷	三河顺兴印务有限公司
开　　本	880 毫米×1230 毫米　1/32
字　　数	200 千字
印　　张	8.375
版　　次	2014 年 12 月第 1 版　　2014 年 12 月第 1 次印刷
书　　号	ISBN 978-7-5068-4540-3
定　　价	29.00 元

版权所有　　翻印必究

必须重视编辑工作的规范性与创新性

杨玄峰

古今中外，流传下来的经典图书，不论当初是承载在竹简上，还是绢帛上，无一例外是内容与编辑质量高度统一的精品。无论出版业怎么发展，无论出版方式、载体、渠道发生怎样的变化，"内容为王，质量为王"，这都是颠扑不破的真理，必须把书稿内容与编辑质量放在第一位，重视编辑工作的规范性与创新性。

明朝伟大的医药学家李时珍为修改古代医书中的错误，以毕生精力，亲历实践，广收博采，对本草学进行了全面的整理总结，历时29年，认真刻苦，一丝不苟地写下了他的巨著《本草纲目》。《本草纲目》体现了内容精确与编辑质量精细的高度结合。

中国的第一部纪传体通史《史记》，是司马迁花了13年的时间写成的中国史学史上第一部贯通古今、网罗百代的通史名著。《史记》的问世，可以说更多地体现了历史内容编写的创新性。

在数字化出版迅猛发展的今天，传统的编辑工作是否被淘汰了呢？答案是否定的。出版数字化的现实途径是内容提供与科技手段的结合，是内容与技术的新的融合。在这一融合的过程中，技术服务商在寻找内容资源，内容提供商也在寻找技术平台。2000年以前，有着计算机学科背景的编辑成为各大网站的主力军，但自2000年以后，有着社会科学和计算机科学双背景的编辑逐渐占据主流，进入网络大潮。事实证明，网络编辑也不可能摆脱传统的图书编辑的规范，也必须经过和传统图书编辑一样的选题策划、组稿、校对等程序，才可能造就精品，才可能在更大范围内、更深程度上影响人、鼓舞人。

编辑工作不是简单的技术工作，而是一项系统工程，要在选题、组稿、审稿、加工整理、整体设计等编辑实践中总结探索它的规律性，并以此指导实践活动，才能使编辑工作不致成为盲目的活动，而是一种具有自觉、主动、创造性的劳动。《图书编辑工作ABC》是作者对编辑工作、学习的探索和总结，本书分为十一章，总结了编辑工作的对象、性质、任务、类型、作用及编辑的基本规律；阐述了编辑工作的各种方法、程序和整个出版过程；分析了编辑队伍建设与编辑人才培养的重要性；提出了编辑工作应该重视网罗一支可靠的作者队伍，强调了出版单位应该加强编辑工作的组织管理；同时，附录了与编辑工作紧密相关的图书评论、市场调研、版权输出等内容，对编辑的日常工作有很大的借鉴意义。

编辑主体的素质修养如何，工作实践如何，直接影响着编辑工作的进程和质量。编辑工作的质量决定出版物的质量，是实现图书社会效益和经济效益的基础。出版单位要在市场化竞争中发展、壮大，对编辑的专业技能培养是十分重要的。

只有重视编辑工作的规范性与创新性，努力做一名全职编辑，并充分发挥编辑自身的主观能动性和创造性，才能在专业技能的每一个环节、每一个细节力求做到完美，从而为提升图书的品质打下基础。编辑重视基础理论的探讨，有利于用科学的方法指导具体的编辑工作，使编辑工作得到不断发展，从而推动出版事业的发展。因此，对于编辑认真总结经验，积极将理论与实践相结合的工作方法，应该给与大力支持、鼓励与赞赏。

是为序。

二〇一四年九月十日

杨宏峰　宁夏新闻出版广电局（版权局）局长、编审。

目 录

第一章 出版概述

一、什么叫出版 / 001

二、出版物种类 / 003

三、出版物与普通商品、工农业产品相比的特殊特点 / 005

四、我国的出版业 / 006

五、关于图书 / 015

附：出版管理条例 / 022

第二章 编辑工作概述

一、什么叫编辑 / 042

二、编辑工作有哪些特点 / 044

三、现代编辑工作的基本流程 / 047

四、现代编辑工作的分工与合作 / 047

五、编辑工作的社会功能 / 049

六、编辑工作是整个出版工作的中心环节 / 049

七、如何做好图书的编辑 / 050

第三章 现代编辑应有的基本素质

一、编辑人员的四种基本素质和四种基本责任 / 053

二、编辑人员的七种基本能力 / 055

三、网络新技术的运用能力 / 058

四、加强学习，不断提高编辑基本素质 / 059

附：中国出版工作者职业道德准则 / 063

第四章　图书编辑工作基本流程

一、选题立项 / 065

二、审读书稿 / 072

三、编辑加工 / 074

四、印装发行 / 080

第五章　重视选题策划与组稿

一、加强对选题的策划 / 085

二、如何组稿 / 092

第六章　编辑与读者、作者的关系

一、编辑与读者 / 095

二、编辑与作者 / 098

三、编辑与读者和作者的关系 / 103

第七章　认真履行选题报批制度

一、年度出版计划备案制 / 105

二、专项选题报批 / 105

三、重大选题备案制度 / 106

第八章　常用编辑应用文

一、编辑应用文 / 109

二、选题报告 / 110

三、退修信 / 117

四、审稿意见 / 118

第九章 图书的质量标准

一、图书质量是出版社的生命线 / 121

二、图书质量管理制度 / 122

三、图书质量标准 / 124

四、图书抽样检查 / 127

附：图书质量管理规定 / 129

第十章 图书的编辑与校对

一、编稿技巧 / 137

二、版式设计 / 139

三、校对 / 142

四、图书的常见差错 / 145

第十一章 出版物的成本和付酬方式

一、出版物成本 / 150

二、图书的定价 / 155

三、图书的付酬方式 / 158

四、及时付酬的重要性 / 160

第十二章 著作权和著作权贸易

一、著作权 / 161

二、著作权贸易 / 170

三、与阿拉伯国家地区进行版权贸易的注意事项 / 181

附：中华人民共和国著作权法 / 182

附录

加强回族文化建设　重视回族文化出版工作 / 202

宁夏出版如何实施"走出去"战略 / 213

宁夏图书版权贸易现状、问题及措施 / 221
如何加强编辑人才的培养 / 232
聚焦 2008 年北京图书订货会 / 239
高原上倔强的独行者 / 245
以史为马的人 / 251

第一章 出版概述

一、什么叫出版？

（一）出版的概念

出版是指编辑、复制作品并向公众发行，以传播科学文化、信息和进行思想交流的一种社会活动。

这个定义是中华人民共和国成立以后，我国学者经过多年的探讨、商榷才共同确认的。

我国很早就有出版活动，但在古代人们并没有使用"出版"这个词，而是把出版活动称为"梓行""雕印""版印"等。在我国最早使用"出版"这个词的是清朝末年的思想家黄遵宪。1879年，他在同日本学者的笔谈中使用了"出版"这个词。

我国和西方国家关于出版的定义，基本内容是一致的，差别仅仅是西方着重于"公于众"，我国则强调编辑、复制、发行三个要素之间不可分割的整体性。

（二）出版活动的构成要素及前提

出版活动必须由编辑、复制、发行三个要素构成，这三个要素缺一不可，联系密切。

1. 出版活动的第一个要素：编辑。

编辑：是策划、组织、审读、选择和加工作品的活动，它是复制和发行的前提。策划、组织活动在现代出版过程中的作用越来越重要了，这是出版社出精品、出品牌、出特色的一个重要前提。

个人在自己的博客上发表文章不是出版活动，因为它没有经过正规的编辑。

2. 第二个要素：复制。

复制：是以各种方式根据作品内容制成一份或多份与其内容信息相同的物件的活动。

网上个人发表的文字没有经过有效编辑，也没有复制，因而不算是出版活动。

3. 第三个要素：发行。

发行：是出版单位通过商品交换将出版物传送给消费者的活动。可以说，发行是检验一个出版单位的试金石，也是促进一个出版单位发展的助推器。

商家发宣传单没有商品交换和消费活动，所以不能称之为出版活动。

当前的"网络出版"具有出版活动的三个要素：编辑、复制、发行，所以网络出版属于六大出版媒体之一。

4. 出版行为的前提：作品。

具体分析定义可以知道，出版物必须满足以下四个方面的条件：首先要有具有精神文化内容的作品；对作品经过编辑加工，以文字、图形、图像、声音或其他符号形式表现，可供阅读、欣赏；具有承载这些精神文化内容的物质载体，具有一定量的复本；能向公众传播。

出版物必须是精神文化成果，但不是所有的精神文化成果都是出版物。综上所述，出版的要素是编辑、复制、发行，而由这些要素构成出版行为的前提则是作品。

根据《中华人民共和国著作权法实施条例》的定义，作品"是指文学、艺术和科学领域内具有独创性并能以某种有形形式复制的智力成果"，包括文字作品，口述作品，音乐、戏剧、曲艺、舞蹈、杂技艺术作品，美术、建筑作品，摄影作品，电影作品和以类似摄制电影的方法创作的作品，工程设计图、产品设计图、地图、示意图等图形作品和模型作品，计算机软件，等等。

作品之所以成为出版行为的前提，道理很简单：没有作品，出版劳动就是"无米之炊"，出版也就无法成为现实。但是，并非所有的作品都能成为出版的前提，比如建筑作品、模型作品。所以，出版界所说的"作品"，是指那些可以转化为出版物的作品。出版单位对收到或约请作者创作的作品，习惯上称为"稿件"。

二、出版物种类

(一)根据出版物总体特征分类

根据总体特征来划分出版物种类，有图书、报纸、期刊、音像制品、电子出版物、互联网出版物六大类。图书、报纸和期刊通常是以纸张为载体、以印刷方式复制后发行的，所以人们往往又把它们合称为"纸质出版物"或"印刷型出版物"，以区别于音像制品、电子出版物和互联网出版物。

六大类出版物是在不同的历史条件下先后随着科学技术的发展而出现的,主要有七大传播媒体:书、报、刊、电视、广播、电影、互联网。随着手机服务项目的增多,手机也逐渐成为了一种新的传播媒体。

(二) 根据出版物内容所属学科的分类

从出版物内容所属学科的角度参照中国图书馆分类法对每一大类出版物再进行分类。下表是按中国图书馆分类法(简称"中图法")划分的基本类别,这也是出版社在申请书号时使用的分类方法。

中图法基本类别

A	马克思主义、列宁主义、毛泽东思想、邓小平理论	N	自然科学总论
B	哲学、宗教	O	数理科学和化学
C	社会科学总论	P	天文学、地球科学
D	政治、法律	Q	生物科学
E	军事	R	医药、卫生
F	经济	S	农业科学
G	文化、科学、教育、体育	T	工业技术
H	语言、文字	U	交通运输
I	文学	V	航空、航天
J	艺术	X	环境科学、安全科学
K	历史、地理	Z	综合性图书

(三) 根据所载知识的层次结构不同的分类

对出版物还常常按照知识层次结构的不同,分为学术研究类、知识普及类、大众生活类、娱乐类等。

(四) 根据内容的表现形式的分类

按内容的表现形式将出版物,分为文字类、图画类、图文类、声音类、图像类、多媒体类等。

（五）从发行范围的角度分类

从发行范围将出版物分为可国内外公开发行的出版物、只限国内发行的出版物、仅在内部发行的出版物等。

三、出版物与普通商品、工农业产品相比的特殊特点

（一）既是精神产品，又是物质产品的特殊性

一般物质产品是在一个生产过程中完成的。而出版物有两个生产过程，前一个是精神生产过程，后一个是物质生产过程，也就是复制过程，通常称之为印前制作、印刷过程。因而，既是精神产品，又是物质产品的特殊性，就成了出版物的基本属性。

（二）使用价值与社会效用关系上的特殊性

普通商品的使用价值所表现出来的社会效用主要是正面的、积极的，反面社会效用只是少数现象。

而出版物满足人们精神消费需要的使用价值所表现出来的社会效用却非常特别：优秀出版物的正面社会效用很大，劣质出版物、反动内容的出版物的反面社会效用也非常大。所以，必须严格执行国家关于出版物的出版管理规定。

（三）社会效益与经济效益关系上的特殊性

图书等出版物的经济效益与社会效益很可能产生对抗关系。一些学术类著作的出版，由于读者范围小，经济效益基本没有保障。而一些经济效益好的图书并不一定比学术著作的社会效益好，除国家对学术著作有一定经费资助出版外，出版社也应该有文化担当，尽量出版、打造一些具有较高学术价值的

专著,这样不仅可以传承、传播人类社会的优秀文化,而且可以树立自己的品牌。比如宁夏在出版回族、伊斯兰文化图书方面,具有民族、地域优势,宁夏人民出版社在20世纪八九十年代出版了一大批回族、伊斯兰文化专家、学者的优秀著作,但在出版社转企改制后却对这些受众小、经济效益较小的图书缺乏了热情。出版社这时应该改变观念,一方面联系科研单位的支持,另一方面挖掘同领域文学畅销书,两方面互相依存,实现双效的互相增长。

(四)出版物生产数量与成本、利润关系上的特殊性

普通商品随着生产量的高低一般不会导致利润率大起大落,利润率相对是比较固定的,生产量越大,利润率也越高。

而图书由于固定成本不变,印数越大,每本书的固定成本越小。所以,印制500册图书利润率可能要亏本,而印50000册图书利润率会很可观。当然,一定要考察市场,不能为降低固定成本而盲目加大印刷量,造成人为的图书库存量加大,最终使总成本加大,因积压而亏本。

四、我国的出版业

(一)定义和性质

出版业是从事出版物生产、经营等活动的社会行业。我国出版业是从事社会主义出版活动的社会行业。

我国出版业主要由出版单位、印刷复制单位、发行单位、制作单位、出版专业教育和科研单位等构成。

出版单位是从事出版活动的机构,包括报社、期刊社、图书出版社、音像出版社、电子出版物出版社和互联网出版机构等。法人出版报纸、期刊,不设立报社、期刊社的,其设立的

报纸编辑部、期刊编辑部也是出版单位。而报社和非独立的报纸编辑部则归属新闻业。

(二)我国出版工作的指导思想

我国出版工作的指导思想是:"以马克思列宁主义、毛泽东思想、邓小平理论和'三个代表'重要思想为指导,以科学发展观为统领,牢牢把握社会主义先进文化的前进方向,紧紧围绕实现全面建设小康社会宏伟目标和构建社会主义和谐社会的要求,弘扬以爱国主义为核心的民族精神和以改革创新为核心的时代精神,树立新的文化发展观,解放思想、实事求是、开拓创新,发展面向现代化、面向世界、面向未来的民族的科学的大众的社会主义文化,不断满足人民群众日益增长的精神文化需求,努力培育有理想、有道德、有文化、有纪律的社会主义公民,提高全民族的思想道德和科学文化素质,促进人的全面发展和社会全面进步。"

中共十六大的报告中指出:"必须坚持马克思列宁主义、毛泽东思想和邓小平理论在意识形态领域的指导地位,用'三个代表'重要思想统领社会主义文化建设。坚持为人民服务、为社会主义服务的方向和百花齐放、百家争鸣的方针,弘扬主旋律,提倡多样化。坚持以科学的理论武装人,以正确的舆论引导人,以高尚的精神塑造人,以优秀的作品鼓舞人。大力发展先进文化,支持健康有益文化,努力改造落后文化,坚决抵制腐朽文化。"坚持正确的指导思想,反对指导思想上的多元化,对我国出版工作具有决定性的意义。

(三)出版业的特点

出版业是从事出版活动的社会行业,也称"出版事业"或

"出版产业",它既是一种文化事业,又是一种文化产业。无论是从文化事业的角度来看,还是从文化产业的角度来看,出版业的工作和经营对象主要是人类的精神文化内容,因此,人们又常把出版业视为一种内容产业。

要做好出版业,必须遵循出版业以下一些特点。

1. 出版业属于社会主义思想文化阵地,与现代化建设全局、国家意识形态安全和社会安定有着十分密切的关系,因此出版业的从业人员要牢固树立政治意识、大局意识和责任意识。

2. 出版业具有产业经济属性,出版社转制改企后,从业人员必须转变传统观念,参与市场竞争,追求社会效益和经济效益的最佳结合。

3. 出版业是一种文化产业,文化产业又是一种创意产业,从业人员必须富有文化创意,否则无法在内容上推陈出新。

4. 出版业面临第三次技术革命,信息技术对出版业产生了强大的冲击。从业人员必须掌握现代信息技术,否则,无法在技术上抢占先机,占领出版业发展高地。

5. 事业与产业的有机结合,使传承文化和企业发展相结合。在出版业转制阶段,由于管理人员行政化,从业人员思维观念转变缓慢,在现阶段,很多原事业性质的出版单位发展速度远远不如民营文化企业。

(四)我国出版工作的方针原则

1. 为人民服务、为社会主义服务。

我国宪法规定:"国家发展为人民服务、为社会主义服务的文学艺术事业、新闻广播电视事业、出版发行事业、图书馆博物馆文化观和其他事业,开展群众性的文化活动。"国务院颁布的《出版管理条例》规定"出版事业必须坚持为人民服务、为社会主义服务的方向"。

坚持为人民服务、为社会主义服务的方向,就要坚持以科学的理论武装人,以正确的舆论引导人,以高尚的精神塑造人,以优秀的作品鼓舞人。

2. 百花齐放、百家争鸣,古为今用、洋为中用。

出版工作必须执行"百花齐放、百家争鸣,古为今用、洋为中用"的方针。

江泽民《在全国宣传思想工作会议上的讲话》中指出:"精神产品的生产是一项非常复杂的劳动,需要专家、学者和文艺工作者发挥个人的创造精神。我们应该尊重和爱护他们的辛勤劳动,坚持解放思想、实事求是,坚持'双百'方针,努力形成一种鼓励探索与创造的良好环境和气氛。在学术研究上提倡不同观点和学派的自由讨论,在艺术创作上提倡不同形式和风格的自由发展。"2003年,胡锦涛在全国宣传思想工作会议上强调,要"坚持'二为'方向和'双百'方针的有机统一"。在出版工作中贯彻"双百"方针,就要努力推动不同形式、不同风格的作品的创作,为艺术界、科学界的自由讨论创造条件,让不同的学术观点和不同的文艺、学术流派的成果都有出版的机会。只要言之成理,持之有故,并达到符合出版要求的质量标准,就要给以积极的鼓励和支持。编辑人员不能以自己的爱好和自己的观点为标准取舍稿件,也不能在加工整理中随便按照自己的观点和好恶删改稿件。

3. 将社会效益放在首位,实现社会效益与经济效益相结合。

《出版管理条例》第四条规定:"从事出版活动,应当将社会效益放在首位,实现社会效益与经济效益相结合。"

4. 坚持质量第一。

《中共中央、国务院关于加强出版工作的决定》指出:"出版部门要坚持质量第一,尽最大努力,把最好的精神文化食粮供给人民。各类图书都要力求做到选题对路,内容充实,都要力求有尽可能高的思想性、科学性或艺术性,反对粗制滥造。"坚持质量第一是由我国出版工作的社会主义性质决定的,是由"为人民服务、为社会主义服务"的方向决定的,也是我国出版工作将社会效益放在首位、实现社会效益与经济效益相结合的必然要求。有人说"内容为王,质量为王",这是在市场体制下的必然。

出版单位必须坚决贯彻执行《图书质量管理规定》和《图书质量保障体系》,把"质量第一"的原则落到实处。尤其在市场化后,出版单位必须建立健全有关制度、部门,明确责任和分工,既从各个环节提高图书质量,又互相配合、监督,避免出现不合格图书。

(五)我国出版工作根本任务和主要任务

我国出版工作的根本任务是:"促进社会主义先进生产力和先进文化的发展,满足人民群众日益增长的精神文化需要。"

我国出版工作具体的任务主要有以下五项。

1. 宣传指导思想,阐释科学发展观。

2. 传播和积累科学文化知识。

3. 弘扬民族优秀文化。

4. 促进国际文化交流。

5. 丰富和提高人民的精神生活。

(六)出版专业职业资格制度

1. 出版专业职业资格制度。

国家在图书出版社、音像出版社、电子出版物出版社、互联网出版机构和期刊社等出版单位，建立出版专业技术人员职业资格制度。出版专业技术人员是指在出版单位从事图书、期刊、音像制品、电子出版物和互联网出版物等的编辑、出版（技术编辑）和校对等专业技术工作的人员。凡在出版单位工作的专业技术人员，必须通过国家统一组织的出版专业职业资格考试，取得规定级别的出版专业职业资格，持相应的《中华人民共和国出版专业技术人员职业资格证书》上岗。

2. 出版专业技术人员的分类。

出版专业技术人员分为三大类：一是编辑类，二是技术编辑类，三是校对类。每一类还有更细的分工。

3. 出版专业技术人员的技术职务级别与职业资格要求。

(1)出版专业技术职务级别。

编辑类的专业技术职务分高级、中级、初级三种，即编审（高级）、副编审（高级）、编辑（中级）、助理编辑（初级）。

技术编辑类的专业技术职务分中级、初级两种，即技术编辑（中级）、助理技术编辑（初级）、技术设计员（初级）。

校对类的专业技术职务分中级、初级两种，即一级校对（中级）、二级校对（初级）、三级校对（初级）。

负责技术编辑或校对方面工作的高级专业技术职务归入编辑类，统称"副编审"。

(2)出版专业技术人员职业资格要求。

根据国务院有关部门规定，从2002年起，对出版专业技术人员实行全国统一的职业资格考试制度,以考试成绩来评价其对专业基础理论的掌握程度和业务能力状况。通过考试取得初级资格者,可以根据有关规定聘任助理编辑(或助理技术编辑、二级校对)职务。通过考试取得中级资格者,可以根据有关规定聘任编辑(或技术编辑、一级校对)职务。高级资格(编审、副编审)则实行考试与评审结合的制度。

担任中级以上专业技术职务者,必须掌握一门外语。

(3)各种人员的职业资格的具体要求。

1)凡新进入出版单位担任社长、总编辑或主编(均含副职)职务的人员,应当具备中级以上(含中级,下同)出版专业职业资格。无中级以上出版专业职业资格者,应当在到任后的两年内通过中级以上的出版专业职业资格考试。否则,不能继续担任出版单位的上述领导职务。

2)凡在出版单位工作的专业技术人员,必须具有中级以上(含中级)出版专业职业资格,才可担任责任编辑、责任校对、责任技术编辑。

3)凡新参加工作并进入出版单位从事出版专业技术工作的大学专科和本科学历毕业生,应当在进入出版单位后的下一年度内通过初级出版专业职业资格考试。

4)新调入出版单位的在职非出版专业技术人员,要在调入后的下一年度内,通过规定级别的出版专业职业资格考试。否则,不能从事相应的出版专业技术工作。

5)2002年6月之前已在出版专业技术岗位上工作的人员,在自该年起的五年内通过出版专业职业资格考试,在这五年内经过培训仍不能通过相应级别职业资格考试的人员,不得继续在原岗位上聘用，出版单位要调整其工作岗位。

报名参加出版专业职业资格考试的人员，必须遵守《中华人民共和国宪法》和各项法律，认真贯彻执行党和国家有关出版工作的方针、政策，热爱出版工作，恪守职业道德。

除了上述基本条件外，报考不同级别的人员还须在学历和工作资历方面符合一定的条件。

4. 对出版专业职业资格获得者的管理

（1）出版单位根据工作需要和德才兼备的原则，按照《出版专业人员职务试行条例》有关规定，从具备出版专业职业资格的人员中择优聘用合适的人员担任相应的专业技术职务。

1）取得初级资格者，可以聘任助理编辑（助理技术编辑或二级校对）职务。

2）取得中级资格者，可以聘任编辑（技术编辑或一级校对）职务。

（2）已获得出版专业职业资格的人员还应不断更新知识，接受继续教育和业务培训，不断提高工作能力。应聘在职人员每年参加继续教育应不少于12天（或72学时）。

（3）出版专业职业资格证书实行定期登记制度。持有证书的人员应每三年凭所在出版单位出具的介绍信、连续三个年度的考核证明以及正规院校或省级以上出版行政部门所属教育培训机构出具的最近连续三个年度的继续教育合格证明，到新闻出版总署指定的机构办理登记手续。

登记时，对于各方面都合格的，予以按时登记；对于存在不合格情况的人员，根据具体情况予以缓登或者取消出版专业职业资格。

1)凡在一个登记期内有以下情况之一的,缓登一年。

①脱离出版专业技术岗位一年。

②有一次年度考核不合格。

③不能按要求提供参加继续教育的有关证明。该类人员要在规定的时间内参加继续教育,完成规定的学习要求,方可恢复登记。

凡被缓登一年的,应推迟一年报考上一级别出版专业职业资格。

2)凡在一个登记期内有以下情况之一的,取消出版专业职业资格。

①脱离出版专业技术岗位两年以上。该类人员如果今后再从事出版专业技术工作,须重新通过相应级别的出版专业职业资格考试。

②有两次年度考核不合格。对该类人员,发证机关要收回其资格证书;出版单位可以将其解聘或调离。

(4)有下列情形之一者,吊销其出版专业职业资格、收回资格证书,且两年内不准参加出版专业职业资格考试。

1)伪造学历和出版专业工作资历证明。

2)考试期间有违纪行为。

3)国务院新闻出版和人事行政主管部门规定的其他情形。

5)获得出版专业职业资格的人员,若因违反有关出版工作的规定而受到严重警告以上行政处分,取消其出版专业职业资格并收回资格证书。该类人员五年之内不得从事出版工作。

6)获得出版专业职业资格的人员,若因违法而受到刑事处罚，取消其出版专业职业资格并收回资格证书。该类人员此后永远不得再从事出版工作。

五、关于图书

(一)图书的定义

图书是以传播知识为目的，用文字或其他信息符号记录于一定形式的材料之上的著作物；图书是人类用来纪录一切成就的主要工具，也是人类交融感情，取得知识，传承经验的重要媒介。

"图书"一词最早出现于《史记·萧相国世家》，刘邦攻入咸阳时，"何独先入收秦丞相御史律令图书藏之。沛公为汉王，以何为丞相……汉王所以具知天下厄塞，户口多少，强弱之处，民所疾苦者，以何具得秦图书也"。这里的"图书"指的是地图和文书档案，它和我们今天所说的图书是有区别。

联合国教科文组织对图书的定义是：凡由出版社（商）出版的不包括封面和封底在内49页以上的印刷品，具有特定的书名和著者名，编有国际标准书号，有定价并取得版权保护的出版物称为图书。

图书应该具备以下几个要素：要有被传播的知识信息；要有记录知识的文字、图像信号；要有记载文字、图像信号的物质载体；图书的生产技术和工艺也是产生图书的基本条件。

当今中国的图书市场比较清晰地呈现出娱乐（文化）功能、知识功能和信息功能三大功能，由此产生了大众图书市场、教育图书市场和专业图书市场这三个市场的基本划分。

(二)图书的种类

图书按学科划分为：社会科学和自然科学图书。

按文种划分为：中文图书和外文图书。

按用途划分为：普通图书和工具书。

按书的内容划分：小说、儿童读物、非小说类、专业书、工具书、手册、书目、剧本、报告、日记、书法集、摄影绘画集等。

按书的特征划分：线装书、精装书、平装书、袋装书、电子书、有声读物、盲人书。

(三)图书出版术语

1. 码洋、实洋

码洋主要是指出版物价格的总和，实洋就是打折过后的价格。一本书的定价或一批书的总定价，其货币额俗称码洋。"码"就是指数量的多少，"洋"代表"钱"，"码洋"就是"多少钱"。这是出版专业术语，其他行业都不这么用。

2. 定价

1988年以前，图书价格是国家规定的。1993年后，国家放开了图书价格，除教材、课本外，图书价格由出版社自行规定，一般图书定价包括选题策划费、编辑费、审校费、印刷费等。具体定价方法见本书第十一章二。

3. CIP

CIP就是图书在版编目数据。它是英文Cataloguing In publication的缩写，指依据一定的标准，在图书出版过程中编制并印在图书上的书目数据。图书在版编目数据应置于版本记录页的中部位置，分为四个段落：第一段落为标题，标明"图书在版编目（CIP）数据"；第二段落为著录数据；第三段落为检索数据；第四段落为其他注记，内容按编目工作需要而定。各段落之间均空一行。中国版本图书馆 CIP 数据中心在核发图书在版编目数据时，对其数据项目和具体格式根据国家标准《图书在版编目数据》的规定设定。我国的每一本公开发行的图书的 CIP 数据都可在新闻总署网站打黄扫非网上进行查询。

（四）图书的必备结构部件

图书的必备结构部件，是指任何图书都不可或缺的结构组成部分。如果缺少其中一种，图书便不成其为图书。

1. 书心。

这是图书的主体，是承载图书正文、辅文和目录页的部分。一定规格的纸张经正反两面印刷并经若干次折页后成为"帖"，若干书帖套帖或叠帖组合装订后，即成为书心。

书心一般不包括书名页，但有些装帧较简单的图书，或因为印张关系，其书名页也有随同正文一起印刷的。

2. 封面。

是图书的外表部分，也称"书皮"、"封皮"。它包在书心和书名页（有时还有环衬、插页等）外面起保护作用，通常采用较厚纸张制作并印有装帧性图文。图书的封面，一般可分为面封（也称"前封面"）、封二（也称"封里"，即面封的背面）、封三（也称"底封里"，即底封的背面）、底封（也称"底封面"）和书脊（也称"脊封"，位于面封与底封交界处，背面在书心订口处与之黏合）五个部分。

封面除了起保护书心和书名页等的作用之外，还要标示关于该图书的种种信息。

(1)面封应该印书名（有副书名的一般应该同时印上）、作者（译者）名和出版者名，多卷书要印卷次。如果是丛书还要印丛书名。翻译图书应在原作者名前注明国籍。

(2)底封应该印上书号及其条码和定价。出版单位的编辑、校对、装帧设计责任人员名单，也可印在底封上。

(3)图书的封二、封三一般保持空白，但也可根据整体设计的需要，设置一些图书宣传文字或装饰图案等。

(4)前、后勒口既可以保持空白，也可以放置作者肖像、作者简介、内容提要、故事梗概、丛书目录、图书宣传文字等。

(5)书脊的内容和编排格式由国家标准《图书和其他出版物的书脊规则》规定。宽度大于或等于5毫米的书脊，均应印上相应内容。一般图书应该印上主书名和出版者名（或其Logo）；若空间允许，还应加上作者名，也可加上并列书名（副书名）和其他内容。多卷书的书脊应印该书的总名称、分卷号和出版者名，但不列分卷名称。丛书等系列书的书脊，应印本册名称和出版者名；若空间允许，也可加上总书名和册号。

3. 主书名页。

图书的书名页是图书正文之前载有完整书名信息的书页，包括主书名页和附书名页，但只有主书名页是任何图书都必须具备的结构部件，附书名页则是可选用的结构部件。所谓"主书名页"，是指载有本册图书的书名、作者、出版者、版权说明、图书在版编目数据、版本记录等内容的书页，其内容种类和编排格式由国家标准《图书书名页》规定。主书名页应置于书心前，如有插页，则置于插页前。它包括扉页和版本记录页两个部分。

（1）扉页又称"内封"，位于主书名页的正面，即单数页码面，列载图书的书名、作者和出版者的信息。书名包括正书名、并列书名及其他书名信息。作者名要用全称，翻译图书还包括原作者的译名；多作者的图书，在扉页只列载主要作者，全部作者在主书名页后附书名页列载。出版者要采用全称，并标出其所在地，如"宁夏人民教育出版社·银川"；若出版者的名称已表明其所在地，则可不标地名，如"南京大学出版社"。

丛书、多卷书、翻译书、多语种书等特有的一些书名、作者、出版者信息，一般列载于附书名页。

（2）版本记录页又称"版权页"，位于主书名页的背面，即双数页码面。它提供图书的图书在版编目数据、版权说明和版本记录。

1）图书在版编目数据，又称"CIP 数据"。是国家提供图书信息，其内容和分段格式都不能改变，一般排在版本记录页最上页。

2）版权说明。一般列著作权人名称和首次出版年份，如重印或修订应标注本版的出版年份。书名、版权说明排印在版本记录页的上部位置。还可加注诸如"版权所有，未经许可不得以任何方式使用"的字样，为了醒目，有的将此字样放在版本记录页最中间或最下面。

3）版本记录。版本记录位于版本记录页的下部位置，提供图书在版编目数据未包含的出版责任人记录、出版发行者说明、载体形态记录、印刷发行记录等项目。出版责任人记录包括责任编辑、装帧设计、责任校对和其他有关责任人。出版发行者说明包括出版者、排版印刷和装订者、发行者，其名称均应用全称；出版者名下应注明详细地址及邮政编码，可加注出版者及发行者的电话号码、电子信箱地址或因特网网址。载体形态记录包括图书开本及其幅面尺寸、印张数、字数、附件的类型与数量。印刷发行记录包括第一版、本版、本次印刷的时间、印数和定价。除了国家标准规定的这些项目外，出版工作实践中常有把书名、并列书名、作者名、中国标准书号也列入版本记录的。

版权说明与版本记录的内容在实际排版中往往合并列表，但不得缺少相关信息内容。

为保护读者的利益，出版单位可以在版权页上标明因印刷装订存在质量问题而退换图书的联系方式。

(五)图书装订样式

图书装订样式，是用不同装帧材料和装订工艺制作的图书所呈现的外观形态。一般有平装、精装、线装和散页装几类。

1. 平装。

也称"简装"，整本书由软质纸封面、书名页和书心（有时还有其他非必备部件）构成。

平装书一般采用的订书方式有骑马订、平订、锁线订、无线胶背订和锁线胶背订。

2. 精装。

这种样式的封面用料、印刷和加工工艺比平装考究、精致，故称"精装"。

精装又分全纸面精装、纸面布脊精装和全面料精装三种。

精装书的订书方式，一般采用锁线订、胶背订。

3. 线装。

这是将依中缝对折的若干书页和面封、底封叠合后,在右侧适当宽度处用线穿订起来的装订样式,主要用于古籍类图书,其他图书为了装帧设计也有所借鉴。

4. 散页装。

图书的书页以单页状态装在专用纸袋、塑料袋或纸盒内。这种装订样式多用于教育类、艺术类图书。

除上述几种样式外,还有给勒口平装的面封和底封各衬垫了一张一定厚度的卡纸,从而使封面的硬质、挺括程度超过一般平装图书的"软精装",又称"半精装"。

附：

出版管理条例

(2001年12月25日中华人民共和国国务院令第343号公布　根据2011年3月19日《国务院关于修改〈出版管理条例〉的决定》修订)

第一章　总　则

第一条　为了加强对出版活动的管理，发展和繁荣有中国特色社会主义出版产业和出版事业，保障公民依法行使出版自由的权利，促进社会主义精神文明和物质文明建设，根据宪法，制定本条例。

第二条　在中华人民共和国境内从事出版活动，适用本条例。

本条例所称出版活动，包括出版物的出版、印刷或者复制、进口、发行。

本条例所称出版物，是指报纸、期刊、图书、音像制品、电子出版物等。

第三条　出版活动必须坚持为人民服务、为社会主义服务的方向，坚持以马克思列宁主义、毛泽东思想、邓小平理论和"三个代表"重要思想为指导，贯彻落实科学发展观，传播和积累有益于提高民族素质、有益于经济发展和社会进步的科学技术和文化知识，弘扬民族优秀文化，促进国际文化交流，丰富和提高人民的精神生活。

第四条 从事出版活动，应当将社会效益放在首位，实现社会效益与经济效益相结合。

第五条 公民依法行使出版自由的权利，各级人民政府应当予以保障。

公民在行使出版自由的权利的时候，必须遵守宪法和法律，不得反对宪法确定的基本原则，不得损害国家的、社会的、集体的利益和其他公民的合法的自由和权利。

第六条 国务院出版行政主管部门负责全国的出版活动的监督管理工作。国务院其他有关部门按照国务院规定的职责分工，负责有关的出版活动的监督管理工作。

县级以上地方各级人民政府负责出版管理的部门（以下简称出版行政主管部门）负责本行政区域内出版活动的监督管理工作。县级以上地方各级人民政府其他有关部门在各自的职责范围内，负责有关的出版活动的监督管理工作。

第七条 出版行政主管部门根据已经取得的违法嫌疑证据或者举报，对涉嫌违法从事出版物出版、印刷或者复制、进口、发行等活动的行为进行查处时，可以检查与涉嫌违法活动有关的物品和经营场所；对有证据证明是与违法活动有关的物品，可以查封或者扣押。

第八条 出版行业的社会团体按照其章程，在出版行政主管部门的指导下，实行自律管理。

第二章　出版单位的设立与管理

第九条 报纸、期刊、图书、音像制品和电子出版物等应当由出版单位出版。

本条例所称出版单位,包括报社、期刊社、图书出版社、音像出版社和电子出版物出版社等。

法人出版报纸、期刊,不设立报社、期刊社的,其设立的报纸编辑部、期刊编辑部视为出版单位。

第十条 国务院出版行政主管部门制定全国出版单位总量、结构、布局的规划,指导、协调出版产业和出版事业发展。

第十一条 设立出版单位,应当具备下列条件:

(一)有出版单位的名称、章程;

(二)有符合国务院出版行政主管部门认定的主办单位及其主管机关;

(三)有确定的业务范围;

(四)有30万元以上的注册资本和固定的工作场所;

(五)有适应业务范围需要的组织机构和符合国家规定的资格条件的编辑出版专业人员;

(六)法律、行政法规规定的其他条件。

审批设立出版单位,除依照前款所列条件外,还应当符合国家关于出版单位总量、结构、布局的规划。

第十二条 设立出版单位,由其主办单位向所在地省、自治区、直辖市人民政府出版行政主管部门提出申请;省、自治区、直辖市人民政府出版行政主管部门审核同意后,报国务院出版行政主管部门审批。设立的出版单位为事业单位的,还应当办理机构编制审批手续。

第十三条 设立出版单位的申请书应当载明下列事项:

(一)出版单位的名称、地址;

(二)出版单位的主办单位及其主管机关的名称、地址;

(三)出版单位的法定代表人或者主要负责人的姓名、住址、资格证明文件;

(四)出版单位的资金来源及数额。

设立报社、期刊社或者报纸编辑部、期刊编辑部的,申请书还应当载明报纸或者期刊的名称、刊期、开版或者开本、印刷场所。

申请书应当附具出版单位的章程和设立出版单位的主办单位及其主管机关的有关证明材料。

第十四条 国务院出版行政主管部门应当自受理设立出版单位的申请之日起60日内,作出批准或者不批准的决定,并由省、自治区、直辖市人民政府出版行政主管部门书面通知主办单位;不批准的,应当说明理由。

第十五条 设立出版单位的主办单位应当自收到批准决定之日起60日内,向所在地省、自治区、直辖市人民政府出版行政主管部门登记,领取出版许可证。登记事项由国务院出版行政主管部门规定。

出版单位领取出版许可证后,属于事业单位法人的,持出版许可证向事业单位登记管理机关登记,依法领取事业单位法人证书;属于企业法人的,持出版许可证向工商行政管理部门登记,依法领取营业执照。

第十六条 报社、期刊社、图书出版社、音像出版社和电子出版物出版社等应当具备法人条件,经核准登记后,取得法人资格,以其全部法人财产独立承担民事责任。

依照本条例第九条第三款的规定,视为出版单位的报纸编辑部、期刊编辑部不具有法人资格，其民事责任由其主办单位承担。

第十七条 出版单位变更名称、主办单位或者其主管机关、业务范围、资本结构，合并或者分立，设立分支机构，出版新的报纸、期刊，或者报纸、期刊变更名称的，应当依照本条例第十二条、第十三条的规定办理审批手续。出版单位属于事业单位法人的，还应当持批准文件到事业单位登记管理机关办理相应的登记手续；属于企业法人的，还应当持批准文件到工商行政管理部门办理相应的登记手续。

出版单位除前款所列变更事项外的其他事项的变更，应当经主办单位及其主管机关审查同意，向所在地省、自治区、直辖市人民政府出版行政主管部门申请变更登记，并报国务院出版行政主管部门备案。出版单位属于事业单位法人的，还应当持批准文件到事业单位登记管理机关办理变更登记；属于企业法人的，还应当持批准文件到工商行政管理部门办理变更登记。

第十八条 出版单位中止出版活动的，应当向所在地省、自治区、直辖市人民政府出版行政主管部门备案并说明理由和期限；出版单位中止出版活动不得超过180日。

出版单位终止出版活动的，由主办单位提出申请并经主管机关同意后，由主办单位向所在地省、自治区、直辖市人民政府出版行政主管部门办理注销登记，并报国务院出版行政主管部门备案。出版单位属于事业单位法人的，还应当持批准文件到事业单位登记管理机关办理注销登记；属于企业法人的，还应当持批准文件到工商行政管理部门办理注销登记。

第十九条 图书出版社、音像出版社和电子出版物出版社自登记之日起满180日未从事出版活动的，报社、期刊社自登记之日起满90日未出版报纸、期刊的，由原登记的出版行政主管部门注销登记，并报国务院出版行政主管部门备案。

因不可抗力或者其他正当理由发生前款所列情形的，出版单位可以向原登记的出版行政主管部门申请延期。

第二十条　图书出版社、音像出版社和电子出版物出版社的年度出版计划及涉及国家安全、社会安定等方面的重大选题，应当经所在地省、自治区、直辖市人民政府出版行政主管部门审核后报国务院出版行政主管部门备案；涉及重大选题，未在出版前报备案的出版物，不得出版。具体办法由国务院出版行政主管部门制定。

期刊社的重大选题，应当依照前款规定办理备案手续。

第二十一条　出版单位不得向任何单位或者个人出售或者以其他形式转让本单位的名称、书号、刊号或者版号、版面，并不得出租本单位的名称、刊号。

出版单位及其从业人员不得利用出版活动谋取其他不正当利益。

第二十二条　出版单位应当按照国家有关规定向国家图书馆、中国版本图书馆和国务院出版行政主管部门免费送交样本。

第三章　出版物的出版

第二十三条　公民可以依照本条例规定，在出版物上自由表达自己对国家事务、经济和文化事业、社会事务的见解和意愿，自由发表自己从事科学研究、文学艺术创作和其他文化活动的成果。

合法出版物受法律保护,任何组织和个人不得非法干扰、阻止、破坏出版物的出版。

第二十四条 出版单位实行编辑责任制度,保障出版物刊载的内容符合本条例的规定。

第二十五条 任何出版物不得含有下列内容:

(一)反对宪法确定的基本原则的;

(二)危害国家统一、主权和领土完整的;

(三)泄露国家秘密、危害国家安全或者损害国家荣誉和利益的;

(四)煽动民族仇恨、民族歧视,破坏民族团结,或者侵害民族风俗、习惯的;

(五)宣扬邪教、迷信的;

(六)扰乱社会秩序,破坏社会稳定的;

(七)宣扬淫秽、赌博、暴力或者教唆犯罪的;

(八)侮辱或者诽谤他人,侵害他人合法权益的;

(九)危害社会公德或者民族优秀文化传统的;

(十)有法律、行政法规和国家规定禁止的其他内容的。

第二十六条 以未成年人为对象的出版物不得含有诱发未成年人模仿违反社会公德的行为和违法犯罪的行为的内容,不得含有恐怖、残酷等妨害未成年人身心健康的内容。

第二十七条 出版物的内容不真实或者不公正,致使公民、法人或者其他组织的合法权益受到侵害的,其出版单位应当公开更正,消除影响,并依法承担其他民事责任。

报纸、期刊发表的作品内容不真实或者不公正,致使公民、法人或者其他组织的合法权益受到侵害的,当事人有权要求有关出版单位更正或者答辩,有关出版单位应当在其近期出版的报纸、期刊上予以发表;拒绝发表的,当事人可以向人民法院提起诉讼。

第二十八条 出版物必须按照国家的有关规定载明作者、出版者、印刷者或者复制者、发行者的名称、地址、书号、刊号或者版号,在版编目数据,出版日期、刊期以及其他有关事项。

出版物的规格、开本、版式、装帧、校对等必须符合国家标准和规范要求,保证出版物的质量。

出版物使用语言文字必须符合国家法律规定和有关标准、规范。

第二十九条 任何单位和个人不得伪造、假冒出版单位名称或者报纸、期刊名称出版出版物。

第三十条 中学小学教科书由国务院教育行政主管部门审定;其出版、发行单位应当具有适应教科书出版、发行业务需要的资金、组织机构和人员等条件,并取得国务院出版行政主管部门批准的教科书出版、发行资质。纳入政府采购范围的中学小学教科书,其发行单位按照《中华人民共和国政府采购法》的有关规定确定。其他任何单位或者个人不得从事中学小学教科书的出版、发行业务。

第四章 出版物的印刷或者复制和发行

第三十一条 从事出版物印刷或者复制业务的单位,应当向所在地省、自治区、直辖市人民政府出版行政主管部门提出申请,经审核许可,并依照国家有关规定到工商行政管理部门办理相关手续后，方可从事出版物的印刷或者复制。

未经许可并办理相关手续的，不得印刷报纸、期刊、图书，不得复制音像制品、电子出版物。

第三十二条　出版单位不得委托未取得出版物印刷或者复制许可的单位印刷或者复制出版物。

出版单位委托印刷或者复制单位印刷或者复制出版物的，必须提供符合国家规定的印刷或者复制出版物的有关证明，并依法与印刷或者复制单位签订合同。

印刷或者复制单位不得接受非出版单位和个人的委托印刷报纸、期刊、图书或者复制音像制品、电子出版物，不得擅自印刷、发行报纸、期刊、图书或者复制、发行音像制品、电子出版物。

第三十三条　印刷或者复制单位经所在地省、自治区、直辖市人民政府出版行政主管部门批准，可以承接境外出版物的印刷或者复制业务；但是，印刷或者复制的境外出版物必须全部运输出境，不得在境内发行。

境外委托印刷或者复制的出版物的内容，应当经省、自治区、直辖市人民政府出版行政主管部门审核。委托人应当持有著作权人授权书，并向著作权行政管理部门登记。

第三十四条　印刷或者复制单位应当自完成出版物的印刷或者复制之日起2年内，留存一份承接的出版物样本备查。

第三十五条　从事出版物总发行业务的单位，经所在地省、自治区、直辖市人民政府出版行政主管部门审核后，报国务院出版行政主管部门批准。国务院出版行政主管部门应当自受理申请之日起60日内，作出批准或者不批准的决定。

从事出版物批发业务的单位，须经省、自治区、直辖市人民政府出版行政主管部门审核许可。

从事出版物零售业务的单位和个体工商户，须经县级人民政府出版行政主管部门审核许可。

从事出版物连锁经营业务的单位，在省、自治区、直辖市范围内经营的，应当经其总部所在地省、自治区、直辖市人民政府出版行政主管部门批准；跨省或者在全国范围内经营的，应当经其总部所在地省、自治区、直辖市人民政府出版行政主管部门审核后，报国务院出版行政主管部门批准。国务院出版行政主管部门应当自受理申请之日起60日内，作出批准或者不批准的决定。

从事出版物发行业务的单位和个体工商户经出版行政主管部门批准、取得《出版物经营许可证》，并向工商行政管理部门依法领取营业执照后，方可从事出版物发行业务。

第三十六条　通过互联网等信息网络从事出版物发行业务的单位或者个体工商户，应当依照本条例规定取得《出版物经营许可证》。

提供网络交易平台服务的经营者应当对申请通过网络交易平台从事出版物发行业务的单位或者个体工商户的经营主体身份进行审查，验证其《出版物经营许可证》。

第三十七条　从事出版物发行业务的单位和个体工商户变更《出版物经营许可证》登记事项，或者兼并、合并、分立的，应当依照本条例第三十五条的规定办理审批手续，并持批准文件到工商行政管理部门办理相应的登记手续。

从事出版物发行业务的单位和个体工商户终止经营活动

的，应当到工商行政管理部门办理注销登记，并向原批准的出版行政主管部门备案。

第三十八条　出版单位可以发行本出版单位出版的出版物，不得发行其他出版单位出版的出版物。

第三十九条　国家允许设立从事图书、报纸、期刊、电子出版物发行业务的中外合资经营企业、中外合作经营企业、外资企业。

第四十条　印刷或者复制单位、发行单位不得印刷或者复制、发行有下列情形之一的出版物：

（一）含有本条例第二十五条、第二十六条禁止内容的；

（二）非法进口的；

（三）伪造、假冒出版单位名称或者报纸、期刊名称的；

（四）未署出版单位名称的；

（五）中学小学教科书未经依法审定的；

（六）侵犯他人著作权的。

第五章　出版物的进口

第四十一条　出版物进口业务，由依照本条例设立的出版物进口经营单位经营；其他单位和个人不得从事出版物进口业务。

第四十二条　设立出版物进口经营单位，应当具备下列条件：

（一）有出版物进口经营单位的名称、章程；

（二）有符合国务院出版行政主管部门认定的主办单位及其主管机关；

（三）有确定的业务范围；

(四)具有进口出版物内容审查能力;

(五)有与出版物进口业务相适应的资金;

(六)有固定的经营场所;

(七)法律、行政法规和国家规定的其他条件。

第四十三条 设立出版物进口经营单位,应当向国务院出版行政主管部门提出申请,经审查批准,取得国务院出版行政主管部门核发的出版物进口经营许可证后,持证到工商行政管理部门依法领取营业执照。

设立出版物进口经营单位,还应当依照对外贸易法律、行政法规的规定办理相应手续。

第四十四条 出版物进口经营单位变更名称、业务范围、资本结构、主办单位或者其主管机关,合并或者分立,设立分支机构,应当依照本条例第四十二条、第四十三条的规定办理审批手续,并持批准文件到工商行政管理部门办理相应的登记手续。

第四十五条 出版物进口经营单位进口的出版物,不得含有本条例第二十五条、第二十六条禁止的内容。

出版物进口经营单位负责对其进口的出版物进行内容审查。省级以上人民政府出版行政主管部门可以对出版物进口经营单位进口的出版物直接进行内容审查。出版物进口经营单位无法判断其进口的出版物是否含有本条例第二十五条、第二十六条禁止内容的,可以请求省级以上人民政府出版行政主管部门进行内容审查。省级以上人民政府出版行政主管部门应出版物进口经营单位的请求,对其进口的出版物进行内容审查的,可以按照国务院价格主管部门批准的标准收取费用。

国务院出版行政主管部门可以禁止特定出版物的进口。

第四十六条 出版物进口经营单位应当在进口出版物前将拟进口的出版物目录报省级以上人民政府出版行政主管部门备案；省级以上人民政府出版行政主管部门发现有禁止进口的或者暂缓进口的出版物的，应当及时通知出版物进口经营单位并通报海关。对通报禁止进口或者暂缓进口的出版物，出版物进口经营单位不得进口，海关不得放行。

出版物进口备案的具体办法由国务院出版行政主管部门制定。

第四十七条 发行进口出版物的，必须从依法设立的出版物进口经营单位进货。

第四十八条 出版物进口经营单位在境内举办境外出版物展览，必须报经国务院出版行政主管部门批准。未经批准，任何单位和个人不得举办境外出版物展览。

依照前款规定展览的境外出版物需要销售的，应当按照国家有关规定办理相关手续。

第六章 监督与管理

第四十九条 出版行政主管部门应当加强对本行政区域内出版单位出版活动的日常监督管理；出版单位的主办单位及其主管机关对所属出版单位出版活动负有直接管理责任，并应当配合出版行政主管部门督促所属出版单位执行各项管理规定。

出版单位和出版物进口经营单位应当按照国务院出版行政主管部门的规定，将从事出版活动和出版物进口活动的情况向出版行政主管部门提出书面报告。

第五十条 出版行政主管部门履行下列职责：

（一）对出版物的出版、印刷、复制、发行、进口单位进行行业监管，实施准入和退出管理；

（二）对出版活动进行监管，对违反本条例的行为进行查处；

（三）对出版物内容和质量进行监管；

（四）根据国家有关规定对出版从业人员进行管理。

第五十一条 出版行政主管部门根据有关规定和标准，对出版物的内容、编校、印刷或者复制、装帧设计等方面质量实施监督检查。

第五十二条 国务院出版行政主管部门制定出版单位综合评估办法，对出版单位分类实施综合评估。

出版物的出版、印刷或者复制、发行和进口经营单位不再具备行政许可的法定条件的，由出版行政主管部门责令限期改正；逾期仍未改正的，由原发证机关撤销行政许可。

第五十三条 国家对在出版单位从事出版专业技术工作的人员实行职业资格制度；出版专业技术人员通过国家专业技术人员资格考试取得专业技术资格。具体办法由国务院人力资源社会保障主管部门、国务院出版行政主管部门共同制定。

第七章 保障与奖励

第五十四条 国家制定有关政策，保障、促进出版产业和出版事业的发展与繁荣。

第五十五条 国家支持、鼓励下列优秀的、重点的出版物的出版：

（一）对阐述、传播宪法确定的基本原则有重大作用的；

(二)对弘扬社会主义核心价值体系,在人民中进行爱国主义、集体主义、社会主义和民族团结教育以及弘扬社会公德、职业道德、家庭美德有重要意义的;

(三)对弘扬民族优秀文化,促进国际文化交流有重大作用的;

(四)对推进文化创新,及时反映国内外新的科学文化成果有重大贡献的;

(五)对服务农业、农村和农民,促进公共文化服务有重大作用的;

(六)其他具有重要思想价值、科学价值或者文化艺术价值的。

第五十六条　国家对教科书的出版发行,予以保障。

国家扶持少数民族语言文字出版物和盲文出版物的出版发行。

国家对在少数民族地区、边疆地区、经济不发达地区和在农村发行出版物,实行优惠政策。

第五十七条　报纸、期刊交由邮政企业发行的,邮政企业应当保证按照合同约定及时、准确发行。

承运出版物的运输企业,应当对出版物的运输提供方便。

第五十八条　对为发展、繁荣出版产业和出版事业作出重要贡献的单位和个人,按照国家有关规定给予奖励。

第五十九条　对非法干扰、阻止和破坏出版物出版、印刷或者复制、进口、发行的行为,县级以上各级人民政府出版行政主管部门及其他有关部门,应当及时采取措施,予以制止。

第八章　法律责任

第六十条　出版行政主管部门或者其他有关部门的工作人

员，利用职务上的便利收受他人财物或者其他好处，批准不符合法定设立条件的出版、印刷或者复制、进口、发行单位，或者不履行监督职责，或者发现违法行为不予查处，造成严重后果的，依法给予降级直至开除的处分；构成犯罪的，依照刑法关于受贿罪、滥用职权罪、玩忽职守罪或者其他罪的规定，依法追究刑事责任。

第六十一条　未经批准，擅自设立出版物的出版、印刷或者复制、进口、发行单位，或者擅自从事出版物的出版、印刷或者复制、进口、发行业务，假冒出版单位名称或者伪造、假冒报纸、期刊名称出版出版物的，由出版行政主管部门、工商行政管理部门依照法定职权予以取缔；依照刑法关于非法经营罪的规定，依法追究刑事责任；尚不够刑事处罚的，没收出版物、违法所得和从事违法活动的专用工具、设备，违法经营额1万元以上的，并处违法经营额5倍以上10倍以下的罚款，违法经营额不足1万元的，可以处5万元以下的罚款；侵犯他人合法权益的，依法承担民事责任。

第六十二条　有下列行为之一，触犯刑律的，依照刑法有关规定，依法追究刑事责任；尚不够刑事处罚的，由出版行政主管部门责令限期停业整顿，没收出版物、违法所得，违法经营额1万元以上的，并处违法经营额5倍以上10倍以下的罚款；违法经营额不足1万元的，可以处5万元以下的罚款；情节严重的，由原发证机关吊销许可证：

（一）出版、进口含有本条例第二十五条、第二十六条禁止内容的出版物的；

（二）明知或者应知出版物含有本条例第二十五条、第二十

037

六条禁止内容而印刷或者复制、发行的；

（三）明知或者应知他人出版含有本条例第二十五条、第二十六条禁止内容的出版物而向其出售或者以其他形式转让本出版单位的名称、书号、刊号、版号、版面，或者出租本单位的名称、刊号的。

第六十三条　有下列行为之一的，由出版行政主管部门责令停止违法行为，没收出版物、违法所得，违法经营额1万元以上的，并处违法经营额5倍以上10倍以下的罚款；违法经营额不足1万元的，可以处5万元以下的罚款；情节严重的，责令限期停业整顿或者由原发证机关吊销许可证：

（一）进口、印刷或者复制、发行国务院出版行政主管部门禁止进口的出版物的；

（二）印刷或者复制走私的境外出版物的；

（三）发行进口出版物未从本条例规定的出版物进口经营单位进货的。

第六十四条　走私出版物的，依照刑法关于走私罪的规定，依法追究刑事责任；尚不够刑事处罚的，由海关依照海关法的规定给予行政处罚。

第六十五条　有下列行为之一的，由出版行政主管部门没收出版物、违法所得，违法经营额1万元以上的，并处违法经营额5倍以上10倍以下的罚款；违法经营额不足1万元的，可以处5万元以下的罚款；情节严重的，责令限期停业整顿或者由原发证机关吊销许可证：

（一）出版单位委托未取得出版物印刷或者复制许可的单位印刷或者复制出版物的；

(二)印刷或者复制单位未取得印刷或者复制许可而印刷或者复制出版物的;

(三)印刷或者复制单位接受非出版单位和个人的委托印刷或者复制出版物的;

(四)印刷或者复制单位未履行法定手续印刷或者复制境外出版物的,印刷或者复制的境外出版物没有全部运输出境的;

(五)印刷或者复制单位、发行单位或者个体工商户印刷或者复制、发行未署出版单位名称的出版物的;

(六)出版、印刷、发行单位出版、印刷、发行未经依法审定的中学小学教科书,或者非依照本条例规定确定的单位从事中学小学教科书的出版、发行业务的。

第六十六条 出版单位有下列行为之一的,由出版行政主管部门责令停止违法行为,给予警告,没收违法经营的出版物、违法所得,违法经营额1万元以上的,并处违法经营额5倍以上10倍以下的罚款;违法经营额不足1万元的,可以处5万元以下的罚款;情节严重的,责令限期停业整顿或者由原发证机关吊销许可证:

(一)出售或者以其他形式转让本出版单位的名称、书号、刊号、版号、版面,或者出租本单位的名称、刊号的;

(二)利用出版活动谋取其他不正当利益的。

第六十七条 有下列行为之一的,由出版行政主管部门责令改正,给予警告;情节严重的,责令限期停业整顿或者由原发证机关吊销许可证:

(一)出版单位变更名称、主办单位或者其主管机关、业务范围,合并或者分立,出版新的报纸、期刊,或者报纸、期刊改变名称，以及出版单位变更其他事项，未依照本条例的规定到出版行政主管部门办理审批、变更登记手续的；

（二）出版单位未将其年度出版计划和涉及国家安全、社会安定等方面的重大选题备案的；

（三）出版单位未依照本条例的规定送交出版物的样本的；

（四）印刷或者复制单位未依照本条例的规定留存备查的材料的；

（五）出版进口经营单位未将其进口的出版物目录报送备案的；

（六）出版单位擅自中止出版活动超过180日的；

（七）出版物发行单位、出版物进口经营单位未依照本条例的规定办理变更审批手续的；

（八）出版物质量不符合有关规定和标准的。

第六十八条　未经批准，举办境外出版物展览的，由出版行政主管部门责令停止违法行为，没收出版物、违法所得；情节严重的，责令限期停业整顿或者由原发证机关吊销许可证。

第六十九条　印刷或者复制、批发、零售、出租、散发含有本条例第二十五条、第二十六条禁止内容的出版物或者其他非法出版物的，当事人对非法出版物的来源作出说明、指认，经查证属实的，没收出版物、违法所得，可以减轻或者免除其他行政处罚。

第七十条　单位违反本条例，被处以吊销许可证行政处罚的，应当按照国家有关规定到事业单位登记管理机关或者工商行政管理部门办理注销登记或者变更登记；逾期未办理的，由事业单位登记管理机关撤销登记或者由工商行政管理部门吊销营业执照。

第七十一条 单位违反本条例被处以吊销许可证行政处罚的，其法定代表人或者主要负责人自许可证被吊销之日起10年内不得担任出版、印刷或者复制、进口、发行单位的法定代表人或者主要负责人。

出版从业人员违反本条例规定，情节严重的，由原发证机关吊销其资格证书。

第七十二条 依照本条例的规定实施罚款的行政处罚，应当依照有关法律、行政法规的规定，实行罚款决定与罚款收缴分离；收缴的罚款必须全部上缴国库。

第九章 附 则

第七十三条 行政法规对音像制品和电子出版物的出版、复制、进口、发行另有规定的，适用其规定。

接受境外机构或者个人赠送出版物的管理办法、订户订购境外出版物的管理办法、网络出版审批和管理办法，由国务院出版行政主管部门根据本条例的原则另行制定。

第七十四条 本条例自2002年2月1日起施行。1997年1月2日国务院发布的《出版管理条例》同时废止。

第二章　编辑工作概述

一、什么叫编辑

其实大家对"编辑"这个词并不陌生，都知道"编辑"是一种工作，也是一种职业身份。最早出现的编辑活动是书籍编辑活动，所以，编辑一词来源于古义：顺其次第，编列简策而成书。宋朝苏舜钦在《题〈杜子美别集〉后》里面写道："今所存者才二十卷，又未经学者编辑，古律错乱，前后不伦。"同时，以此代称收集编连简策的人，虽然以后书写材料变化了，但沿用的名词未改。

作为一个古老的职业范畴，编辑活动的内涵是随着社会发展，尤其是随着社会经济活动的发展而发展的。伴随着报纸、期刊、广播、影视、网络等文化产品相继出现，编辑活动的范围不断扩大，美国双日出版公司总编辑麦考密克描述这种编辑活动的特征时说："编辑工作……今非昔比。"

现代对编辑的定义一般是指以生产出版物的精神文化内容为目的，策划、编辑、审读、选择和加工作品的一种专业性的精神生产活动，它是出版物复制和发行的前提。因此，现代编辑概念有四种含义：一指从事编辑活动的职业，二指岗位，三指人员，四指从事编辑活动人员的中级专业技术职务。

第二章 编辑工作概述

作为从事编辑活动的职业或者岗位，编辑就是对资料或现成的精神文化成果进行策划、整理、加工，包括文字、生成处理和制作审核、校对，编成有形的物质产品的一项工序，其对应英文词汇为 Edit（Editing）。

作为职业身份，是出版、新闻等单位的中级专业技术职称，亦泛称做编辑工作的人员。孙犁在《秀露集·关于编辑和投稿》里说："作为编辑，他的工作对象就是稿件。"是指对资料或现成的作品进行整理、加工，编成书刊。现代的编辑，应该是从事用物质文明设施和手段，策划、组织、采录、收集、整理、纂修、审定、加工各式精神产品，使之传播展示于社会公众的工作人员，其对应英文词汇为 Editor。编辑是适应现代出版产业发展需要、具备系统的编辑出版理论知识和技能、扎实的语言文字和文化科学基础，以及编辑数字信息技术应用能力，能在书刊出版、新闻传播、文化教育和企事业文化宣传等部门从事传播内容策划、编辑、出版项目经营、版面设计、校对以及印刷质量管理等岗位工作的复合型的现代编辑出版专业高级人才。

根据出版物总体特征划分，出版物的种类有图书、报纸、期刊、音像制品、电子出版物、互联网出版物六大类；根据出版物内容所属学科细分有政治、法律、经济、舞蹈、数学等59种；按照所载知识的层次结构不同，出版物可以分为学术研究类、知识普及类、大众生活类、娱乐类等；按照内容的表现形式，可以分文字类、图画类、图文类、声音类、多媒体，等等。所以，根据不同的工作对象，有报纸编辑、图书编辑、杂志编辑、内刊编辑，有编时尚的、科普的、IT的、政经的、等等。不同的编辑活动，编辑的基本含义相同，但是具体的编辑手段、编辑方式是有区别的。

二、编辑工作有哪些特点

作为一项社会文化工作，编辑工作具有各种文化共有的政治性、思想性、科学性、创造性特点；作为一种社会专门职业，编辑工作又具有选择性、加工性和中介性的专业特点。

(一)编辑工作的政治性

编辑工作必须把好政治关。编辑首先要熟悉马列主义和党的方针政策，因出版物也是党的宣传工具、武器，是政治工作，必须与党保持一致，要"牢牢把握先进文化的前进方向"，"坚持以科学的理论武装人，以正确的舆论引导人，以高尚的精神塑造人，以优秀的作品鼓舞人。"

编辑工作要反映社会政治、经济、科技、文化的发展状况和要求，对精神产品进行选择、加工，不可避免地要为一定的政治服务，具有一定的政治思想倾向。因此，把握为人民服务、为社会主义服务的方向，坚持中国共产党的基本路线，遵守国家法律、法规，并在具体的编辑业务中认真贯彻执行，把好政治关，是我国编辑工作应该体现的政治性，是当一个编辑必备的基本素质。

(二)编辑工作的思想性

保证出版物对读者、对社会产生先进的思想文化影响，避免落后的、甚至腐朽的思想文化影响，就是我国编辑工作的思想性。加强我国编辑工作的思想性，就是要让先进的思想文化得到更好的发挥，使出版物更好地引导人们树立中国特色社主义的共同理想，树立正确的世界观、人生观和价值观。编辑工作的思想性和政治性在很多地方是相通的。

中共十六大要求"牢牢把握先进文化的前进方向"，提出："必须坚持马克思列宁主义、毛泽东思想和邓小平理论在意识形态领域的指导地位，用'三个代表'重要思想统领社会主义文化建设。坚持为人民服务、为社会主义服务的方向和百花齐放、百家争鸣的方针，弘扬主旋律，提倡多样化。坚持以科学的理论武装人，以正确的舆论引导人，以高尚的精神塑造人，以优秀的作品鼓舞人。"这实际上就是对编辑工作的政治性和思想性的根本要求。

(三)编辑工作的科学性

编辑工作要通过出版物向读者传授科学知识，帮助读者掌握专业技术，引导读者提高科学意识，指导读者形成科学的生活方式。这就使得编辑工作不仅涉及各种学科、各种专业，而且必须保证出版物的内容本身是科学的。编辑工作的各个环节，从策划选题、组织稿件、审读加工直到整体设计等，都需要编辑人员在正确的方针、政策指导下，充分运用自己的科学知识和专业素养，对作品进行各个方面的审视和加工，保证出版物在科学性和知识性上具有较高的质量。同时，编辑工作在各个环节中都要按照各种操作规范进行，以保证出版物在文字、技术上达到科学的标准，并在表现形式上实现审美要求与科学规范的统一。编辑工作通过出版物向消费者传授科学知识，帮助他们掌握专业技术，指导他们形成科学的生活方式。

(四)编辑工作的创造性

《中共中央、国务院关于加强出版工作的决定》明确指出：

"编辑工作是整个出版工作的中心环节,是政治性、思想性、科学性、专业性很强的工作,又是艰苦、细致的创造性劳动。"

有人认为:编辑工作只是改改错别字的简单劳动,编辑不过是将稿件进行文字加工、办理图书出版手续的人,只要有一定文字能力的人都能胜任。这种看法是错误的。编辑工作主要是对已有作品追加创造性劳动的工作。在编辑劳动的整个过程中,编辑的创造性劳动体现在选题策划、组织审理、加工编排等编辑过程中。编辑能否慧眼独具,以别人的智力成果为原料,及时发现有价值的知识成果,重新进行加工和生产,进行传播和保存,编辑的劳动成果,融入了编辑的思想观念、价值评判、艺术倾向、审美情趣等,这都是编辑工作创造性劳动的体现。

编辑工作的创造性既有原创的成分,又有再创的成分。如发现精神生产领域中的空白区、结合点,提出和策划有创意的选题,在审稿中促成某些重要观点的发挥或完善,对稿件进行有学术贡献的评价,等等。

编辑的创造性要密切联系作者与读者。编辑创造与其他精神文化创造的不同之处,在于创新与依附同在。依附性表现为两点:一是以作者劳动创作的作品为基础的;二是离不开读者对出版物的接受和使用。离开了作者,编辑创造就成为"无米之炊";离开了读者,编辑创造就会成为无的放矢。

(五)编辑工作的专业性

编辑工作是一种专业性很强的工作,它有专门的理论、知识和技能,并不是具有一般文化知识的人就可以胜任的。这种专业性是由编辑工作的内容所具有的不同于其他文化工作的各种特点所决定的。它主要表现有三点。

1. 选择性。

编辑工作与著作活动不同。著作的任务是创造文化产品，编辑工作的任务是搜集、选择作者创造的文化产品，使其中有价值的部分能够向社会传播，以满足读者的需要，促进社会的进步。编辑没有较高的理论、知识水平，不可能从众多的稿件中选出优秀的作品。

2. 加工性。

对经过选择的作品，编辑人员要按一定的法规、原则和程序进行审读、修改、加工或者提出意见请作者修改，使作品达到出版质量的要求，具有明显的加工性。

3. 中介性。

在图书生产过程中，编辑工作是联系文化产品的精神生产过程和物质生产过程的中介。编辑工作的中介作用是使作者的创作与读者的需要相适应，保证图书生产与读者消费平衡和协调发展。

三、现代编辑工作的基本流程

现代编辑工作的基本流程有选题立项、审读书稿、编辑加工、印装发行四个阶段，具体流程如下：收集信息→选题策划→组稿→审稿→签订出版合同→编辑加工→装帧设计、发稿→校样处理→样书检查→出版物宣传、反馈信息收集→撰写出版后记。详见第四章《图书编辑工作基本流程》。

四、现代编辑工作的分工与合作

编辑职业包括策划编辑、文字编辑、美术编辑、排版者、校对者、审稿者、出版制作者和印刷（者）。世界各国出版机构对编辑都有不同的要求。

策划编辑不仅要进行选题、组稿等常规工作，还要对选题的实施过程与实施结果进行策划，关注和指导图书出版、营销的全过程。策划编辑要有全局意识，着眼于整个出版市场，考虑出版社整体情况，对每个选题进行整体规划。

文字编辑完成资料查阅、稿件组稿、编辑、修改和校对等工作；较强的文字功底、能进行信息采编整合和写作能力；知识信息面广；确定编辑计划，根据工作需要策划选题；组织和预约相关稿件；对来稿或资料进行整理、修改和润色；负责文稿或资料的校对及审核工作；安排文稿的版面位置；擅于沟通，与作者建立良好的合作关系，并培养自己的作者队伍；阅读读者来信，收集读者的意见和建议。

作为文字编辑，掌握常用的简化汉字是必备的基本功，此外，还应懂点"六书"。"六书"中的指事、象形、形声、会意是造字法则，转注、假借是用字方法。之所以说文字编辑要掌握一点"六书"说，是有利于查阅文史工具书，有利于了解中国古代文化知识。如果责任编辑具有"六书"知识，就会发现作者的错误，不至于贻笑大方。

校对，古代称之为"校勘"或"校雠"、"校理"，是出版编辑过程里的一个必须工序，主要工作是按照原稿去审查订正排印或缮写的错误。"校对"也可以是从事这个工序的人员"校对员"（Proof reader）的中文简称。现代人谈校对，多指字词对错的核证。

一本好书的产生，不仅需要策划编辑、文字编辑和校对者付出辛勤劳动，而且还需要与排版者、美术编辑和审稿、印刷等所有环节紧密配合。

五、编辑工作的社会功能

从编辑工作的整体来说，它的社会功能可以概括为以下三个方面。

（一）文化生产中的组织功能。

没有编辑的组织工作，图书的出版就处于一种散乱状态，尤其是一些大型图书、系列丛书甚至不可能问世。一些学者、作家的个人著作也需要编辑的策划和组织才能打磨成精品图书。

（二）文化传播中的选择与导向功能。

在出版物的生产过程中，编辑的立场、观点和眼光，在文化传播的引导中会产生重大作用。

（三）文化创造中的优化功能。

同一部书稿在不同编辑手中，会有不同的结果。编辑工作的任务是把稿件转化为出版物，把作者个人的智慧成果转化为社会文化产品。编辑劳动对各种信息的采集、选择、整理、构思、创新等一系列智力活动，带有鲜明的个性意识、情感、兴趣、知识水平和逻辑思维、创造性思维等，融入了编辑的思想观念、价值评判、艺术倾向、审美情趣等。这也就要求出版必须加强编辑能力培训。

六、编辑工作是整个出版工作的中心环节

（一）编辑工作对出版工作的全局具有关键性的作用

因为出版工作的社会作用主要通过出版物的精神文化内容

来体现，虽然出版物的精神文化内容主要靠作者提供，但必须通过编辑的策划、编辑、审读、选择和加工得到完善和提高后，作者的作品才能变成图书进入市场，才能实现其社会效益和经济效益。所以，编辑工作对出版工作的全局起着关键性的作用。

(二)编辑工作是出版物复制和发行的前提

出版工作由编辑、复制和发行构成。没有经过编辑工作，复制和发行犹如无米之炊，所以，编辑工作是整个出版工作发展的前提。

(三)编辑工作对出版单位经营具有重要作用

图书只有作为商品通过发行才能给出版单位带来利润，因此，必须编辑出真正有价值的图书，被读者所认可和接受。因为渠道只是在一定阶段起作用，最终依靠内容。当然，发行在一定程度上制约和推动编辑工作。现实中，编、发矛盾一直存在，如何解决好这一矛盾，是出版单位经营发展的一个重要问题。应加强编、发沟通，使发行人员了解图书内容，一个推销商必须了解产品特点；使编辑了解市场甚至直接参与发行，生产适合市场需求的产品。

七、如何做好图书的编辑

这是一个大的命题，牵涉到政治素质、职业素质等多种因素。这里只谈几点基本要求。

(一)热爱图书，热爱编辑工作

要做一个好编辑，没有对图书的热爱，没有对编辑工作的热爱，是不可能全身心投入对书稿的策划、设计和加工整理的，自然也不可能使书稿尽可能达到完美。一个编辑热爱图书，热爱编辑工作，就会有高度的热情和信心去提高图书质量，把编辑加工整理工作当做一种快乐，增加作品的内涵；就会有精益求精的精神和对作品的真正理解，从而精心策划图书的装帧设计，增强图书的形态表现力。所以，热爱图书，热爱编辑工作是做一个好编辑具有主观能动作用的基本条件之一。

(二)研究读者，选择作者

别妄图把一个产品编给所有的人看。为谁而编是编辑所要解决的首要问题。只有明白读者的特征是什么，他们关注的问题是什么，他们在哪些方面需要帮助等，才能根据不同的读者群，选择不同的风格，不同的内容，不同的表达方式，不同的价钱等。我们研究读者，是为了图书对读者有用，创作出符合读者口味的作品；能够启发和提高读者的水平，让读者有收获，所以，图书应高于读者。要根据读者群选择不同的作者。不同的作者写作内容和风格也不一样，必须了解作者的知识水平和写作风格。

(三)有较强的政治意识、时代感和责任感

编辑应该是这个时代中最活跃的人群之一，编辑要了解时代的脉搏，但更要树立强烈的政治意识和责任感。只有充满时代感、责任感和政治意识的编辑才能编出高质量的作品。

(四)树立市场意识，重视创新策划

图书的社会效益和经济效益是决定选题成败的唯一标准。在立意、谋篇布局等方面没有新意的选题，不会对读者产生吸引力，不会有好的社会效益和经济效益。现代出版业，创新策划是衡量一个编辑优秀与否的首要条件。所以，文化产业又称为创意产业。出版单位必须重视图书的策划，才能够发展。

(五)熟悉文化常识，注重文化传承

图书编辑除了要有广泛的知识面，还必须熟悉文化常识，善于捕捉信息，从社会生活、社会生产、科学研究、国家政策等方方面面发现新题材，承担起开发、优化选题和原创作品的职责，使图书在文化价值、知识价值上得到提升，成为传承文化的载体。图书只有做到内容与形式的完美统一，出版社和编辑才能在图书市场和读者心中树立起自己的品牌，取得良好的社会效益和经济效益。

(六)"走出去"图书要重视译者的选择，特聘编校、审读人员

目前，我国有许多"走出去"项目，一些中文图书需要翻译后进行版权输出。作为翻译图书编辑，由于各种原因和条件限制，不能亲自把关的，必须在中文图书编校上下功夫，要高度重视译者的选择，聘请翻译水平和学术水平都很高的人担任翻译，并特聘国内外出版界、学术界相关人士进行反复编校，请相关专家进行审读，以确保图书的质量能够达到较高的水准。

第三章　现代编辑应有的基本素质

现在编辑的压力非常大，或者说对编辑的要求太高。正像一位美国的出版经纪人所描述的："他们必须具备十八般武艺。既要精通书籍制作、行销、谈判、促销、广告、新闻发布、会计、销售、心理学、政治、外交等等，还必须有绝佳的编辑技巧。编辑工作的五花八门、各式活动已经无法与过去那些坐在办公室里埋头伏案的编辑形象联系在一起。"编辑活动的基本范式已经走过了创作型编辑、技术型编辑时代，正在向探究型编辑活动时代快速跨越，对编辑人员的基本素质有了更高的要求。

编辑在出版业中处于枢纽地位，是出版社成员中不可缺少的一分子，优秀的编辑不只对出版社的声誉有影响，同时还能为出版社带来良好的效益。加强对编辑素质的提高，无疑是一项明智之举。

编辑工作需要的是复合性人才。从创意策划、选题策划、组稿、审稿、加工整理、宣传、发行等都需要编辑去协调。因此，编辑应该具备的素质是多方面的。基本素质概括如下。

一、编辑人员的四种基本素质

(一)政治素质

这是由社会主义出版工作的性质所决定的。图书是一种精神文化产品，是传承、发展、宣传先进文化的载体，图书编辑作为精神文化产品的设计者、生产者和传播者，必须具备较高的政治素养和理论修养。坚持正确的出版方向，要认真学习党的路线、方针、政策，了解和把握图书出版工作的大政方针，在选题策划、内容设计、编辑加工各个环节要有敏锐的政治嗅觉，担负起宣传党和国家的路线、方针、政策的责任和义务，坚持图书社会效益和经济效益相统一的原则，做好政治把关工作。对涉及政治原则的问题，一定要保持高度警觉，善于及时发现和防止错误的政治内容在出版物中出现。

(二)思想素质

出版物的思想品位往往与编辑人员的思想品位有关。编辑是一项崇高的职业，因为编辑是书的间接创造者和直接加工者。编辑不仅肩负着文化传播的使命，承担着振兴民族文化的义务，也对广大读者的思想、观念等起导向作用，承担着党和国家赋予的政治责任和时代赋予的社会责任。编辑人员要时刻牢记自己编辑的图书，关乎国家团结稳定、关乎群众安居乐业，影响着国家的国际形象和地位，影响着人们的思想、观念。大量实践证明，要提高出版物的思想境界，必须提高编辑人员的思想境界。

(三)文化素质

这是编辑人员从事本职工作的专业基础。编辑工作是文化工作，编辑劳动是精神劳动，不具备一定的文化素质是不可能胜任的。编辑必须在业务上有自己的主攻方向，并在某一学科领域作比较系统的研究，不仅掌握该学科的基本知识，还要了解该学科的发展趋势，从而编辑出具有超前性的图书。编辑人员的文化素质构成，除了基本的理论修养、扎实的专业训练、开阔的知识视野、深厚的语言文字功底外，还应包括良好的思维方式、广泛的阅读兴趣和科学的学习方法。

（四）职业素质

编辑的职业素质包括出版理论修养和编辑实务经验，分别表现为职业追求、职业敏感和职业作风。

1. 编辑的职业追求是一种文化追求。

编辑一旦获得有价值的组稿线索，要立即追踪作者，不怕吃闭门羹；为了自己编发的稿件具有文化传承价值和文化积累价值，要倾注大量的心血，认真编辑加工整理；为了提高图书的质量效果，要对作品从内容到形式进行大胆创新。

2. 编辑的职业敏感既是一种创造性敏感，也是一种市场性敏感。

有了创造性和市场性敏感，捕捉选题新生长点、判断稿件质量、策划营销等，都会得心应手。编辑具有较强的职业敏感，对编辑出版优秀图书，占领市场有较大作用。

3. 编辑的职业作风是一种一丝不苟的求是作风。

编辑工作的每一个环节，都要发扬一丝不苟、字斟句酌、作风严谨的精神，才能编出质量合格的图书，使之真正具有传承价值。

编辑人员的四种基本素质决定了编辑应该具有政治责任、社会责任、把关责任和宣传引导责任四种基本责任。

二、编辑人员的七种基本能力

曾有人认为，编辑工作是"剪刀加糨糊"的剪剪贴贴的工作。这显然是对编辑工作的误解。现代编辑工作要求编辑人员具有并不断提高以下七个方面的能力。

(一)政治认知能力

编辑人员应该具有较好的政治素质。这种政治素质应该表现为较高的政治认知能力,即对于政治形势的发展、社会的政治思想动向有较高的认识和辨析能力,能够正确应对各种突发事件,在复杂的变化中保持清醒的头脑;对于党和国家的重大方针、政策和有关出版工作的法律、法规,能比较熟悉和把握,并能坚决地在自己的工作实践中认真贯彻执行。

(二)策划、创新能力

编辑策划以选题策划为主,还应包括市场营销策划、出版单位形象宣传策划等。成功的策划有助于出版物质量的提高,有助于竞争实力的增强。出版社要在激烈的市场竞争中立于不败之地,图书选题策划是关键。成功的选题策划是将策划思想贯穿于图书出版的各个环节,尤其是要将选题策划与图书营销过程相结合。要树立全程策划的观念,因为图书出版是一个系统工程,包括策划选题、组稿、编辑加工、版式装帧设计、印刷、宣传、营销、发行等诸多环节。一个编辑如果没有策划、创新能力,就很难在出版单位立足;一个出版单位没有策划、创新能力,就会很快陷入发展困境。

(三)语言文字能力

编辑工作也是一种语言文字工作。是否具备较高的语言文字能力,是能不能当编辑的基本条件之一。说严重点,编辑的语言文字能力直接关系到社会上语言文字的应用质量和发展前途。编辑的语言文字能力大致包括三个方面。

1. 规范能力。

作者如用了别字或不规范字,还会出现用词、用语、造句不当等语言方面的问题。这些都是编辑进行加工整理时须予以规范的。编辑要认真掌握并能熟练运用文字、语法、修辞、逻辑方面的知识,还要了解并能敏锐识别语言文字应用中的常见差错。

2. 加工能力。

编辑加工能力强,通过字斟句酌、精心润色,可以提高稿件的表达效果。比如,删去可有可无的字、词、句,合理调整语序和节奏,保持语言风格和文体风格的统一,避免可能产生的歧义现象,等等。但是编辑一定要认真审读原稿,体会作者的表达意图,尊重作者的风格。

3. 写作能力。

写作能力也是编辑的基本功,编辑写作能力的有无或强弱,在审读、加工中的感觉和作用是不一样的。写作能力强的编辑审读、加工时往往能独具慧眼,妙笔生花;否则,就容易在加工过程中与作者发生严重分歧,甚至以错改正。

(四)社会活动能力

编辑要做出好的选题,必须要有广泛的信息来源,而信息能力的大小取决于编辑的社会活动能力和新闻敏感。这除了要求编辑加强学习提高业务素质之外,还要求编辑与社会建立广泛的联系,要自觉地扩大社交面,加强同各界人士的交流,广交朋友,时刻当有心人,不放过任何有价值的线索。

(五)判断能力

编辑对每一份稿件既要从政治性、思想性、科学性、知识性等方面以一定的标准进行衡量，分析判断其是否合格，是否可以出版，也要准确判断书稿是否顺应市场发展的新趋势、新变化，才能在激烈的市场竞争中立于不败之地。

(六)信息捕捉能力

图书编辑关注新闻，勤于浏览网络信息，要在科学技术、社会经济生活的高速发展变化中善于发现新的文化需求、新题材、新领域、新成果，从国家政策的调整变化中发现新趋势，及时地把握信息、对信息资料进行精细的分析和利用，做到"人无我有，人有我新"，创造适应市场需求的新产品，开拓图书出版工作的新境界。

(七)审美能力

审美能力是指认识美、评价美的能力，包括审美感受力、判断力、想像力、创造力等，又称艺术鉴赏力。随着生活水平的不断提高，社会公众的审美需求和审美标准也在不断提高，读者对出版物内容和形式的形象化、艺术化的要求越来越高。编辑必须具备一定的审美能力，才能使出版物从内容到装帧都充满美感，吸引读者购买。

三、网络新技术的运用能力

熟练运用新技术是编辑工作现代化的需要，也是传统出版社发展的未来。

(一)传送稿件、查阅资料、联系作者

这是编辑目前利用新技术最基本的一种能力。

(二)获取信息，策划选题

养成每天上网浏览各种信息，捕捉热点、焦点问题，发现新的动态，预测即将出现的关注点，整合各种信息，策划选题并组织实施。比如在网上看到文学评奖，马上联系组委会或个别作者策划出版。

(三)扩大网络联系，不断扩大作者队伍

编辑要选择网上有关的QQ群，关注粉丝多的博客、并与他们建立联系，随时交流，从而使之成为潜在作者。

(四)利用网络，加强图书推介宣传

通过自己的QQ、加入的QQ群，以及其他网络平台，加强图书的推介宣传。

(五)借助平台，拓展新的出版领域

纸质图书应该同时变成手机阅读电子图书等新的出版形态。同时，加快传统出版向数字化出版社转化。

四、加强学习，不断提高编辑基本素质

(一)树立政治意识、信息意识和进取意识

政治意识。图书编辑作为精神文化产品的设计者、生产者和传播者，必须具备较高的政治素养和理论修养，坚持正确的出版方向，在选题策划、内容设计、编辑加工各个环节要有敏锐的政治嗅觉，担负起宣传党和国家的路线、方针、政策的责任和义务，坚持图书社会效益和经济效益相统一的原则，多出精品、服务广大读者。

信息意识。图书编辑作为创新文化的主体，必须具备洞悉信息的敏感，及时捕捉有价值的信息，不断创新，善于接受、选择、处理各种信息，才能编辑出版最新、最有用的图书，才能创造适应市场需求的新产品。

进取意识。编辑必须与时俱进，不断进取，更新知识、技能，才能保持良好的职业适应能力，在竞争中立于不败之地。

(二)强化业务素质

所谓业务能力强，主要表现在三个方面。

1. 选题策划能力。

一名优秀的编辑，首先，要有思想，有较强的策划能力，不能坐等稿件。其次，知识面要宽，要经常深入生活，从社会生活的变化中发现新题材、从终端市场的需求空档中发现新亮点、从国家政策的调整变化中发现新趋势、吸取国外的成功经验。通过思考形成自己的策划方案。

2. 联系作者、组织稿件的能力。

策划选题之后，要有目的的组稿、约稿，不能仅凭自己的好恶，要了解选题，了解作者，不能乱点鸳鸯谱。

3. 识别稿件、修稿稿件的能力。

要敏于鉴赏，通过通读稿件便能判断新意、分量，分出高下。同时，文字功底扎实，能编能写，修改稿件干净漂亮，文字表达准确、规范、符合逻辑。而且，熟悉标点符号的用法、出版物上数字用法的规定、汉字使用管理规定等。更重要的是能够对稿件提出建设性意见，指导作者完善稿件的结构、内容，甚至表达方式。

(三)培养良好的道德素质

严格遵守编辑职业道德，全心全意为读者与作者服务，公开、公平、公正地处理同作者的关系。自觉地"为她人做嫁衣"，甘当无名英雄。

1. 热爱编辑工作。

要有高度的事业心和敬业精神，热爱编辑工作，追求高标准、高效率，有强烈的使命感和责任感。以社会效益为最高准则，始终坚持"质量第一"的原则，正确处理社会效益与经济效益的关系。

2. 乐于奉献。

要有严肃认真、一丝不苟、实事求是、扎扎实实的工作作风，乐于奉献。编辑的成果要传诸后世，没有奉献精神，难以打造精品。

3. 要有亲和力和大局意识。

图书编辑要充分了解并发挥出版社的自身特点和优势，在选题策划中要充分考虑出版社专业出版方向、出版特色、销售渠道、营销能力、作者队伍建设、编辑能力、财力等因素，处理好局部与大局的关系。编辑要有亲和力，有较强的公关能力、宏观的驾驭能力来组织书稿，协调各部门关系。只有各个环节的人大力配合，才能做出精品。

(四)倡导创新意识，注重文化传承

图书编辑要在内容、形式、体例、装帧设计等方面具有独创性，使原作品在文化价值、知识价值上得到进一步的提升，使每个选题具有鲜明的个性特色，而不是盲目跟风和雷同。

编辑的策划与创新是现代出版业发展的趋势，也是竞争的焦点，立于不败之地的有力保障。可以说，现代出版竞争是图书质量与品牌的竞争，是策划与创新的竞争。

(五)树立市场意识，提升选题策划的能力

图书出版是一个系统工程，包括策划选题、组稿、编辑加工、版式装帧设计、印刷、宣传、营销、发行等诸多环节。成功的选题策划是将策划思想贯穿于图书出版的各个环节，尤其是要将选题策划与图书营销过程相结合。

图书编辑必须具有强烈的市场意识，深入细致地做好市场调研、认真研判市场需求信息，准确分析读者的阅读取向、阅读兴趣、消费心理、消费习惯、消费能力，有针对性、有目的地策划选题。根据目标读者群的实际需求来设计、确定图书的内容、体例、装帧、定价和印数。

附：

中国出版工作者职业道德准则

中国出版工作者协会（2004年2月24日颁发）

为进一步加强出版行业工作者的职业道德建设，引导广大工作者在遵守《公民基本道德规范》的基础上，追求更高的思想道德目标，坚持以马列主义、毛泽东思想、邓小平理论和"三个代表"重要思想为指导，更好地贯彻党的路线、方针、政策和国家的法律、法规，推动出版事业的繁荣进步和出版产业的健康发展，特制定中国出版工者职业道德准则如下：

一、为人民服务，为会主义服务

以促进先进生产力和先进文化的发展为己任，坚持正确的政治方向，坚持以民为本，为人民服务、为社会主义服务、为全党全国工作大局服务。解放思想、实事求是、与时俱进、开拓创新，为全面建设小康社会和培育有理想、有道德、有文化、有纪律的社会主义新人做出贡献。

二、增强使命感和责任感，力求两个效益的最佳结合

始终把社会主义效益放在首位，力求实现社会效益和经济效益的最佳结合，反对惟是图、见利忘义。大力弘扬中华民族优秀传统文化，自觉维护民族团结，牢固树立为中华民族伟大复兴奋斗的历史使命感和社会责任感。

三、树立精品意识，提高出版质量

唱响主旋律、提倡多样化，贴近实际、贴近生活、贴近群众。多出好作品，不出平庸作品，杜绝坏作品。认真把好出版

物的质量关，提高内容、编校、印装质量。

四、遵纪守法，廉洁自律

遵守党的宣传纪律和国家的法律法规，遵守出版管理的各项规章制度。自觉抵制和纠正行业不正风，不买卖书号、刊号和版号。坚持以质取稿，不利用工作之便谋取个人名利。不参与非法出版、印刷、发行及其他违法经营活动。

五、爱岗敬业、忠于职守

热爱本职工作，甘于岗位奉献。重视学习，善于学习，身学习。努力掌握新知识，新技术和新技能。反对粗制滥造、玩忽职守的行为。

六、团结协作，诚实守信

发扬集体主义精神，尊重人，理解人，关心人，互相帮助，互相爱护。讲信用，重信誉，平等竞争，用诚实劳动获得合法利益。尊重作者，保护著作权人的合法益。

七、艰苦奋斗，勤俭创业

谦虚谨慎，不骄不躁，密切联系群众。勤俭节约，讲求实效，反对形式主义和铺张浪费。

八、遵守外事纪律，维护国家利益

发扬爱国主义精神，在对外交往中维护国家尊严和中国出版工作者的良好形象。

第四章　图书编辑工作基本流程

一本书从选题、组稿开始到出版发行，要经过选题立项、审读书稿、编辑加工、印装发行等主要环节和一系列的具体手续。一般来说，编辑过程的具体环节有收集信息、选题策划、组稿、审稿、签订出版合同、编辑加工、装帧设计、发稿、校样处理、样书检查、出版物宣传、反馈信息的收集和撰写出版后记。版权输出图书编辑工作在中文编辑工作之后，还应增加翻译选择、外文校对和图书审读。

一、选题立项

要策划一本图书，必须首先经过收集信息，在大量信息基础上进行选题策划、论证，然后组稿。

（一）收集信息

收集信息是编辑过程的起点，也是整个编辑过程顺利进行的保证。编辑收集的信息越广泛，策划时思路就越清晰、完备，策划的选题就越成熟，编辑质量也就越高。

收集信息需要通过各种渠道和社会关系。编辑必须有较高的敏感性、广泛的社会交往能力和丰富的知识结构。一切对编辑工作有用的信息都要收集、存储、补充，并进行鉴别、筛选，建立信息网络，及时与同事、同行、相关作者进行交流，优化信息资源。在具体做某一类图书时，还要求收集已出版同类图书的作者和著作。比如，我在策划《宁夏之书》时，就收集了《西夏通史》《宁夏历史名人》《宁夏文史资料集萃——人物卷》《宁夏古迹新探》《宋辽夏演义》《宁夏史话》《嘉靖宁夏新志》《西夏简史》《宁夏民族与社会发展研究》《宁夏军事纪略》《探寻西夏文明》《宁夏战史》《天都烟云》《夏地民俗》《宁夏羊皮书》《宁夏人地关系演化研究》等出版过的与宁夏有关的图书，并拜访了宁夏有关专家。这使我与作者的交流有了清晰的思路和基本的知识体系。

(二)选题策划

图书策划是现代编辑职业中越来越重要的一种能力，是一个出版社或图书公司的核心。成功的选题策划，是出版优质高效图书的基础，能获得丰厚的经济效益和良好的社会效益。

1. 强化选题策划意识。

选题是出版社的生命，每个人必须有选题策划意识。鼓励编辑积极、大胆策划选题，即或是不成熟的，只是思想的火花，也可提出来集思广益。

2. 分析图书市场，提出选题。

一个选题不是随便提出的，在经过周密的分析和市场调查等，然后作出详细的图书策划案。图书策划案要基本说明为什么要做这个选题、选题的可行性、读者群、全书内容、结构、特色、设计风格、印刷、等等。

(1)市场调查。

1)了解读者需求情况。确定拟策划选题的大致内容和读者对象，以及拟策划选题的实用功能，估计读者能接受的拟策划图书的价位。

2)了解同类图书情况及作者的选择。市场上如有与所拟策划选题同类或近似的图书,要了解其编写编辑思路、主要内容及其特色,封面、版式、开本、印制特点,规模(总字数、印张数)、定价,读者群定位和销售情况等。更主要的是选准自己策划选题的作者,作者选不好,好选题也不一定能做成一本好书。

3)征求发行的意见。图书策划编辑之前就征求发行的意见很重要,因为你的产品只有通过他们才能到达读者手中,必须让他们对产品有详细了解。在选题策划过程中,随时与发行保持沟通、联系,并认真听取其意见,修正所策划选题的内容、形式和定价等。

(2)形成选题。

1)通过调查比较,充分地了解市场情况后,确定拟策划选题的内容、形式,同时物色合适的作者。

2)撰写选题策划报告,详细填写选题申报单,包括书名、作者、读者对象、规模(总字数、开本、印张数)、定价、出版时间、主要内容及特色,成本核算(含稿酬和直接印制成本)以及市场预测(含预计总销售数、销售折扣和盈亏情况)。

3. 选题论证。

选题论证是通过对选题策划的评估来确定其是否可以组织实施的一项工作,对于保证选题质量具有重要意义。选题不仅要经编辑个人论证,还要进行集体论证。首先,提交编辑室论证。其次,编辑室内部论证通过后,将所策划选题提交分管领导。最后,选题获分管领导同意后,交总编室召开选题论证会论证，回答各编辑的质询。重大选题和重大项目交总编室召开的全社选题论证会论证，回答各编辑的质询。社常委会论或全社选题论证会证通过的选题，根据具体情况决定是社内项目还是编辑室立项。在选题集体论证会上，应该人人平等，各抒己见，科学分析，有理有据，而不能流于形式或一言堂。充分活跃的集体论证一方面可以使选题更具备可操作性，更适应市场需求，也能使选题在编辑工作过程中得到完善、提高；另一方面可以使每个编辑在论证中互相学习，不断提高自己的策划和编辑能力。

选题论证主要从四个方面进行：文化价值；引导作用；内容选择和形式设计；坚持社会效益放在首位的前提下，强化营销意识，充分论证选题的市场性。

4. 修订和优化。

所谓修订和优化，一方面是使选题的质量进一步提高，可操作性进一步增强；另一方面是根据图书市场的变化，对选题的内容进行调整。

编辑可以随时将自己的想法与同事沟通，向编辑室主任汇报。编辑室主任对有可行性的选题首先提交编辑室论证，充分吸收编辑室内部的合理意见，修改、完善选题策划。

5. 选题必须经过审批。

编辑室内部论证通过后，将所策划选题邀请发行人员参与分析、论证之后提交办公室审查，按照分管社长的意见进一步修改、完善。

编辑所策划选题获分管社长同意后，提交社常委会论证，有的选题还要请社外专家论证，然后交具体人员负责进行选题策划组稿。对涉及政治、军事、外交、统战、宗教、民族等敏感问题和其他需要宏观调控的选题，按照规定还要专项报批有关领导部门批准。出版社年度选题计划要报送主管部门审批。

(三)组稿

组稿主要包括两方面的内容：一是物色合适的作者进行约稿或征稿；二是为使稿件达到或超过选题设想的水平而与作者开展一系列活动。

选题经过选题论证通过后，策划编辑根据大家意见进一步修改完善选题，并要开始详细、认真的策划组稿。同时，将有关信息报办公室，以便向出版局报选题计划，向国家新闻出版广电总局实名申请书号。

1. 撰写约稿信。

(1)什么叫约稿信。约稿信也称"组稿信"，是出版单位约请作者撰写稿件的信。约稿信一般由负责落实选题的编辑撰写，以出版单位名义发出。如果编辑与作者非常熟悉，也可以由编辑署名发出。但是，有的出版社由于内部体制问题，诚信的缺失，编辑最好不要以自己的名义发约稿信，以免失信于作者之后，给自己和作者带来不必要的麻烦。

(2)约稿信的主要内容。写约稿信的目的是约请作者为本出版单位撰稿，所以必须明确地告诉作者写什么、怎么写、写给谁看、有哪些资料可供参考以及对写稿方式有哪些具体要求等。约稿信主要表达清楚以下七个方面的内容：一是稿件的题目，即选题计划所定的题目；二是写作的内容和要求，即说明选题的目的要求、内容的大致范围、该读物的性质及对体裁、文字风格的要求等；三是读者对象，即写明读者的文化层次、职业、年龄、性别等，可提供这类读者的阅读特点和兴趣；四是字数和交稿时间，即说明全稿字数的大致幅度和交稿时间；五是可供参考的资料，可以适当介绍一些同类出版物供作者参考，提醒作者避免雷同；六是写作中应注意的事项，提醒作者注意稿件中可能涉及的党和国家的有关政策、规定；七是对写稿方式的具体要求，一般通过要求作者写提纲、试写部分章节等方式，了解作者的写作能力。

(3) 订立约稿合同

对于通过选题论证，决定启动的项目，物色好作者之后，必须与作者订立约稿合同。

1) 约稿合同的内容。作者提交的编写计划、编写凡例和书稿样稿等获通过后，即可与作者订立约稿合同。约稿合同必须包括：作者保证拥有著作权、作者不得将书稿交与第三方使用、交稿时间、总字数（若为字词典还包括条目数）、稿酬标准和支付方式及时间、书稿编写要求等内容。

2) 订立约稿合同程序。策划编辑根据出版社标准约稿合同，拟定约稿合同，待出版社按程序审查通过后交（寄）作者两份；作者签字（盖章）交（寄）回后，出版社负责人签字后交办公室加盖合同章。合同原件一份交存编辑室，一份交（寄）作者。重大选题和项目的约稿合同原件交办公室，编辑室主任及策划编辑留存复印件。当然，也可以据社内留存原件情况，签一式叁份或肆份合同。

3) 督促作者按时交稿。首先，订立约稿合同后，在作者撰稿过程中，策划编辑注意与其保持经常联系，了解书稿编写进度，督促作者按时交稿。其次，作者撰稿过程中如遇困难或问题，应力所能及地帮助其解决，以确保作者按时交稿。最后，收到作者提交的稿件后，要检查书稿是否"齐、清、定"，是否达到约定要求。

"齐"指书稿项目完整，一般包括：内外封（包括书名、作者名单、作者署名、著作方式、出版者等）、目录、序（前言）或编写说明、凡例、检字表（音序或形序）或条目索引、正文、附录（含参考文献、参考答案）。其中，内外封、目录、正文必不可少。如个别项目作者因故暂时无法交稿，应与其约定最后的交稿时间。

"清"指书稿字迹清楚，排版录入员能够辨识。现在一般要求作者提供电子文稿及打印样。书稿中如有国际音标、古文字、少数民族文字、插图、表格等内容，要特别检查其是否正确、清晰。

"定"指作者交付的书稿是最后定稿，作者不能在编辑出版过程中随意改动文稿，尤其不能大幅度改动。

2. 关于自然来稿的处理。

除了约稿之外，还有大量作者的自主来稿，也就是自然来稿。编辑室要对自然来稿进行登记，记录书稿名称、作者、页数、收稿时间等，并尽快做出处理。根据《中华人民共和国著作权法》，收稿后六个月内必须将处理意见通知作者，否则视为同意出版，如认为没有出版价值，即作退稿登记，注明退稿时间和退稿方式；如认为有出版价值，填写选题申报单，并按程序进行选题论证。论证通过且正式发稿后，与作者订立图书出版合同；论证未获通过，则作退稿处理。现在许多作者一般不会盲目将全稿寄给出版社，但是如果一些新编辑不懂这一条，偶尔遇到有投稿作者，未及时作退稿处理，有可能会引起出版纠纷。

如果书稿在规模、体例、内容和质量等方面，未达到约定的编写要求，可以退作者修改。如果作者拒绝修改，或经反复修改仍达不到要求，可作退稿处理并终止约稿合同，并按一定标准给付作者资料费。作者自行投稿的，一般不付退稿资料费。

二、审读书稿

审稿是编辑工作的决定性环节，是有目的地按照出版物的质量标准，对稿件的政治内容、学术或艺术质量、文字水平等作出整体性的基本评价，对有出版价值的稿件进行编辑加工予以出版，退回不具备出版价值的稿件，对有出版价值但尚存在不足的稿件，则对不足部分提出意见退请作者修改。我国出版界实行由初审、复审和终审构成的三级审稿制度。

(一)初审

初审是三审的基础，一般由责任编辑担任。责任编辑一般应先翻阅书稿的目录、凡例、前言以及一半正文，了解全书的基本内容、编写特点、结构和体例等，然后再逐字逐句认真审读全稿，对书稿的政治倾向、思想品位、学术或艺术价值、科学性、知识性、结构体例、文字水平等进行把关，提出修改意见，分析其社会效益和经济效益。

初审应填写初审记录，并撰写初审意见。若需发稿，将初审报告通过ERP发往复审。

(二)复审

初审完成后,由编辑室主任安排具有副高以上职称的编辑人员复审书稿。复审要审读全部书稿,并对书稿质量和初审报告提出意见,做出总的评价。复审工作主要包括以下三个方面。

1. 检查初审修改是否正确,改正初审未看出来的错误或改错了的地方。

2. 在书稿上标明要求初审进一步核实、解决的问题。

3. 填写复审记录,对书稿和初审进行评价,说明是否建议发稿。若建议发稿,将ERP发往终审。

(三)终审

责任编辑认真核实、解决复审提出的相关问题后,将书稿连同复审后的ERP发往社长、总编辑,或由社长、总编辑授权的具有正、副编审专业技术职务的人员进行终审。终审主要对书稿内容,包括思想政治倾向、社会效果是否符合党和国家的政治规定等方面作出评价,如果选题属专项报批的,对书稿是否采用作出决定,采用的书稿须按相关规定送审。对有些专业性强的书稿,还需请社外专家审读。翻译书稿要由有关的外语专家校订。终审工作主要包括以下三方面。

1. 通读初、复审意见和记录,检查初、复审修改是否正确。如果初、复审后书稿遗留问题仍较多,可以退初审编辑或复审编辑。

2. 抽读四分之一左右的书稿,判断书稿质量。如认为书稿质量未达到正式出版要求或存在政治性、思想性错误,退责任编辑与作者协商修改或退稿。

3. 撰写终审意见,对书稿以及初、复审进行评价,说明是否同意发稿。若同意发稿在发稿单上签字,发往办公室进入发稿流程。

三、编辑加工

在书稿审读后,达到出版要求,应先签订出版合同,再进入编辑加工流程。编辑加工分为文字加工整理和装帧设计。在一定意义上说,图书是一种艺术品,既要求内容质量高,又要求内容与形式的和谐统一。

(一)签订出版合同

签订出版合同主要是依据法律规定与作者协商后以书面文件形式确认作者与出版单位的合作条件,以共同维护双方的合法权益。一般在稿件经审稿后决定接受出版时,由责任编辑代表出版单位与作者协商并起草出版合同,并由出版单位法定代表人审核后正式签署,加盖公章。

当然,一些重要书稿最好有社级领导签名,否则出现纠纷对作者、编辑很不利。出版合同中必须包括:作者保证拥有著作权、承担由此产生的一切责任并授权出版社出版,出版社拥有专有出版权(作者不得将书稿交予第三方使用)、总字数(若为字词典,则包括条目数)、出版时间、稿酬标准和支付方式及时间、合同有效期等内容。责任编辑在签订出版合同时,一定要注意每一个细节,每一条要在尊重作者著作权的前提下,尽可能有利于出版单位的出版权。

如果作者交付的书稿达到约定的要求,即可开始对书稿进行编辑加工。

第四章 图书编辑工作基本流程

编辑要制订严格的编辑加流程表、工作日程（各工作阶段的时间安排，如何时写稿、何时交稿、何时定稿以及发排、印制的时间等）、装帧、插图集附录等。尤其编辑出版流程的工作进度要明白、具体、切实可行，便于落实检查，便于操作。例如：

《王族的背影》出版进度表

责任编辑（初审）：×××　　美术编辑：×××
复审：×××　　　　　　　　终审：×××
三校人员：×××　×××　×××

10月8日　星期一
验收稿件（作品）、项目组成立、制定图片拍摄计划
10月9日　星期二
拍摄、处理原图，归电子文档
10月10日　星期三
完成拍摄、清点作品原件并封存，准备移交作者
整理原稿（处理图像），进入设计排版阶段
10月11日　星期四
补充作品，交还第一批原件，签出版合同
按《排序》灌文，设计排版阶段
10月12日　星期五
封面第一稿、扉页、插页等
内文设计排版阶段

10月13日　星期六

设计调整，统一设计，准备一校样

10月15日　星期一

版式完成、编辑室看样

10月18日　星期四

处理存疑，完善修改和调整稿

10月22日　星期一

上午　出二校样，编辑确认调整稿并再次调整后送复审

下午　联系作者看样，签样

10月26日　星期五

上午　出三校稿、处理并调整

下午　送终审、联系印厂签印刷合同

晚上　书稿全部完成处理调整

10月29日　填写CIP、报CIP

10月30日　星期二

上午　最后对红、定稿

11月2日　星期四

上午　发片、对片、发稿，开始进入印制阶段

11月6日　星期一

上午　交装订样、签字装订

11月7日　星期三

下午　交书、入库

(二)文字加工整理

文字加工整理是对经过审稿决定采用的稿件，责任编辑要

从整体到细处进行编校、优化，进一步提高稿件的内容、文字质量，应严格遵守国家有关标准。

责任编辑加工整理主要有以下方面：

改正书稿中出现的字词错误、读音错误、知识性错误、语法错误、逻辑错误、观点错误、标点符号等；统一全书篇、章、节、目体例，包括统一各级标题、格式、数字用法等；核查引文、人物、事实、时间、参考文献、注释和索引；检查逻辑推理、插图、表格、符号、计量单位等；设计外观形象（封面、内封、封底、书脊）和内文版式设计；检查书稿项目，按顺序排次（外封，内封，目录，前言或编写说明、凡例、音节表、检字表或笔画索引等，正文，附录、参考文献、参考答案等），并自内封开始，按顺序戳记或填写页码。

1. 加工整理原则。

（1）尊重作者，不得轻易删改。对稿件进行加工，是为了提高稿件的质量，要充分尊重作者的著作权，不能按照编辑个人的好恶进行加工。对于稿件中的思想、观点等，只要不存在违反法律法规或者违反科学、违反事实的问题，不能轻易修改和删除，而要帮助其完善和加强。加工中涉及观点的表述方式或者结构安排方面的修改，编辑可以先提出修改的建议，征得作者同意后再正式修改。编辑加工要在著作权法规定的允许范围内进行加工。不轻易删改，不意味着编辑没有自己的主见和建议，而是要大胆提出自己的意见，与作者沟通后进行删改或调整。

（2）改必有据，不得随意乱改。编辑在对稿件作加工时要谨慎从事，凡是存有疑问没有把握的地方，一定要查阅工具书或请教其他专业人员得到确切结论后才能动手。对稿件的修改必须有充分的依据和理由，必须有绝对的把握。如果凭想当然乱改，甚至将本来对的改成错的，不仅会引起作者的不满，而且会严重影响图书的质量和出版单位的声誉。

（3）依据规范，尽量保持原作风貌。加工整理必须严格按照国家颁布的各种相应的规范性文件，对原稿中不够规范的地方一一予以改正。但是，要尽量做到少改，只改非改不可的，可改可不改的一律不改，尽可能多地保持原作的风貌。当然，如果为了使书稿质量达到策划的要求或者适应市场性，可以与作者协商进行大的改动。

2. 校对。

书稿的校对，一般包括三个校次（辞书和教辅类可增加校次）、通读清样、核红等环节。现在许多小型出版社实行校对外包，虽然提高了生产效率，却造成了一定程度上的编校质量问题。还有的出版社，编辑甚至从来不请校对，一个人抱一本书稿编校到底，这是很危险的做法。

（1）一、二校。责任编辑可推荐校对人选。校对中发现问题用铅笔标出。一、二校提出的问题，由责任编辑负责解决。

（2）三校（四校）。一般由责任编辑完成。其工作内容包括：统一全书体例；梳理全书版式；将校样与原稿逐字逐行核对；补齐所缺内容。

三校（四校）可以对内容进行局部改动。

（3）通读清样。一般由责任编辑完成。其工作内容包括：通读全部书样，改正错别字；相互核对目录、索引和正文，填写页码；补版（避免出单字成行、单行成页等）。

清样一般不允许改动版面。

(4)核红。一般由责任编辑完成。其工作内容包括：核对清样上要求改正的地方是否改正，核对目录标注页码与正文页码是否相符。

(5)图书的版权页。责任编辑要协助责任印制人员检查版权页文字是否正确，主要包括：书名、作者姓名、著作方式、在版编目（CIP）数据、定价等。

3. 外文图书出版的翻译、审核。

译稿的审读包括原著内容和译稿质量两个方面，二者都不可忽略。在中文履行完所有编校程序之后，将齐清定的稿件交付翻译。必须高度重视译者的选择，只有专业水平和语言水平都与书稿质量相匹配的译者，才可能较准确的译出原文的意思。图书翻译之后，还必须经过精通该外语的专家再三校对，定稿之后，根据选题类型，送国家相关部门再次审读，以保证译文表达的准确性。

4. 样书处理。

这个环节的工作是在开始批量复制之前，对书稿制作加工质量进行审核。书稿经排版后打印出的少量样张，称为校样，除供校对之外，还供编辑、作者通读。编辑人员通读校样，要检查和解决原稿排版后出现的新问题，弥补加工整理或发稿时的疏漏，还要处理作者的改动和校对人员提出的疑问。

(三)装帧设计

图书的整体设计对提升图书的品质有非常重要的作用，尤其对图书的营销影响也越来越大。责任编辑一定要重视图书的整体设计，对封面、内文版式、书名页、版权页、书眉、页码,都要认真设计。图书的整体设计包括外部装帧设计(封面以及套盒、腰封等)和内文版式设计,要根据已经定稿的稿件内容特点,运用艺术的手段、技术的手段以及材料与印刷工艺的手段,对出版物的物质形态进行整体规划。

1. 艺术的手段。

电脑的运用使艺术的手段在版式设计中的体现越来越精细化,它采用形象、图案、色彩、文字、纹饰等,以写实或写意的手法使美术设计对图书的主题内涵得到直观表现,同时,使图书本身也变成一种美的形态。使用艺术手段一定要具有实用性,字体、字号、书名字大小、书脊设计等都要为读者和发行者着想。

2. 技术的手段。

这是对文字、图形、图像进行处理,使设计对象产生一种特殊艺术效果。例如,对对象的形体进行变形、缩放、镜像等操作,对色彩进行增减、变换等处理,结合艺术的手段,创作出独具风格的作品。

3. 材料与印刷工艺的手段。

在印刷时使用适宜的纸张、纸板、织物、皮革、电化铝箔、丝带等材料,以裱糊、烫印、UV上光等工艺和手法,增加设计对象的艺术效果。同时,要考虑现有物资和排版、印刷装订条件及图书成本,以尽可能少的投入取得最佳效果。

四、印装发行

(一)发稿

1. 申请书号。

终审签字建议发稿后,责任编辑即可开始申请书号。书号申请时必须提供以下文本：书稿通知单和三审意见单；出版合同；印前制作合同、印刷合同；报印单；ERP数据单。

三审人员都必须认真填写ERP。

申请书号时必须重视编写内容提要，既便于申请书号时归类，又有利于图书发行的推介。编写内容提要的形式主要有三种。

一是叙述型提要。扼要介绍图书的主题思想、内容范围、类型特点及编写体例等。这类提要偏重于对图书本身主题内容的概括，指出图书所研究的对象、阐述的问题，目的是使读者在阅读图书之前对其内容有个概括的了解。文学类著作等适合这种类型的提要。

二是推荐型提要。在扼要介绍图书基本内容的同时，对图书的主要成就、思想意义、学术价值以及与其他同类图书相比其所具有的特色等，进行简略、适当的评价，或对其写作宗旨、读者对象进行说明。一要点明图书的重要意义和影响，积极向读者推荐，引起其阅读兴趣；二要指出图书的阅读对象，便于读者利用提要选择图书。学术著作等适合这种类型的提要。

三是罗列型提要。主要汇录图书的章节名称，有时为了揭示潜在而有价值的内容，还可对重要的附录加以说明。这类提要可直接反映图书的内容结构，使读者对图书的组成部分一目了然，但对内容的揭示不够深入。文集、论文集、文献汇编等适合用这种类型的提要。

2. 正式发稿。

根据规定，书号申请后，一月内，责任编辑必须将书稿和委托印刷书交办公室办理发稿。有的出版单位效率高，时间要求短些。

3. 填写变更通知单。

发稿后不能变更书名（因书号实名申请的原因，变更书名意味着重新申报选题计划和重新申请书号）、署名、开本、设计形式等。如确需变更，须经分管领导同意，并由责任编辑填写变更通知单，报请省级新闻出版局向总局申请变更。

4. 检查图书的版权页。

责任编辑和责任印制要检查版权页文字是否正确，主要包括书名、作者姓名、著作方式、在版编目（CIP）数据、定价等。

5. 重印修改。

图书首次重印前，责任编辑应汇总、核查有关各方提出的修改意见，将须修改、修订的内容标记在重印样书上，同时将须改动内容所在的页码填写在重印单上。将加工整理后的稿件发往有关部门安排复制，是这个环节的主要内容。

6. 签字下厂。

责任编辑确定书稿无须改动后，在清样上签字同意印刷（写明"可以印刷"或"改正无误后印刷"，签署姓名和日期），将签字清样交印刷厂发版印刷。

(二) 样书检查

在图书正式装订之前，责任编辑应检查送检样书，检查印制、装订是否合乎要求，内容的印装是否存在次序颠倒、页码错乱等情况。这是出版单位对其出版物的最后一次质量把关。印刷厂在完成复制以后，先装订若干本供出版单位检查的图书，称为"样书"。责任编辑和主管领导检查样书后，认为合格，就可通知工厂开始成批装订；如发现问题，须请工厂暂缓装订，并及时进行必要的处理。

(三)图书宣传

图书进入流通领域前后要设法扩大其发行量必须进行宣传，尤其现在信息来源广、信息量大的情况下，宣传就更加重要。传统的宣传形式主要有召开新书发布会、通过新闻媒体介绍新书、印发宣传品、举办书评活动、召开读者座谈会、举行专题报告会、设计和发布图书广告、编印各类图书目录等。数字化时代，越来越重要的是网络宣传了。其中有的主要由编辑实施，有的由编辑配合出版单位的宣传、发行部门进行，有的由作者和评论人员进行。当然，现在更多的人会利用网络，发动粉丝来进行，甚至在图书出版之前进行众筹出版。

1. 抢抓时机。

除了一些长销书之外，一般的图书宣传都是有时间性的。

2. 符合特定读者阅读习惯。

广告文字要针对读者对象的年龄、职业、生理、心理、文化程度、爱好等方面的不同特点而采用不同的写法。

3. 针对不同媒体书写宣传文字。

宣传文字要根据媒体性质、传播特点而不同，切忌以"统发稿"的形式撰写供所有媒体发布的宣传文字。

4. 根据地域性设计宣传文字。

宣传文字应注意针对不同地域的读者进行不同的宣传，更易于打动读者。

5. 连续不断地全媒体宣传。

图书的宣传要不断地进行，并且在报纸、微信、网络、电视等不同媒体，以书讯、书评等不同形式不同进行，以产生广泛、深刻的影响。

(四)反馈信息的收集

图书发行以后,要广泛收集市场和读者的反馈信息。它对改进今后的编辑工作和策划新的选题具有重要参考价值。收集反馈信息的方式有口头调查、问卷调查、摘录读者来信或出版物评论等。

(五)撰写出版后记

出版后记不同于一部图书的出版后记,而是对关于这个选题从选题立项、审读、编辑加工、出版发行到宣传、反馈的所有信息进行收集、整理,然后撰写的出版后记,为以后的选题策划、编辑加工、宣传等提供借鉴。

第五章　重视选题策划与组稿

一、加强对选题的策划

（一）策划的概念

策划一词最早出现在《后汉书·隗嚣传》中："是以功名终申，策画复得。""策画"即"策划"，意思是计划、打算。是一种从无到有的精神活动，是用你已有的，去实现你没有的却想要实现的方案。现代意义的"策划"是为了达到一定的目的，在充分调查相关的环境和各种关系的基础之上，对未来将要做的事情进行系统、周密、科学地预测并制定科学的可行性的策划方案，同时在发展中不断地调整以适应变化，从而制定切实可行的科学的方案。

综上所述，策划的概念有五个要素：策划者、策划依据、策划方法、策划对象和策划效果。

策划分为策略性思考和计划编制两个阶段。

（二）图书选题策划的主要特点

第一，策划是策划者智慧的结晶，是一种思维的革新、具有创意。但这种革新和创意，必须符合读者的需求。

第二，策划具有一定的目的。这种目的，因选题类型不同而不同。

第三，策划是建立在深入调查之后的基础之上进行的预测、筹划，具有前瞻性、预测性。

第四，策划方案的前提是具有可操作性，但策划依然具有一定的不确定性、风险性，这是所有选题都面临的。

(三)必须重视图书选题策划的文化差异

选题策划是图书出版竞争的必然产物，是一个出版社或图书公司的核心。

一个好的选题策划会给出版社带来巨大的社会效益和经济效益。一个错误的选题也会给出版社带来巨大的经济损失，甚至是灭顶之灾。尤其是牵涉到民族、宗教、政治问题的图书选题。伊斯兰文化图书选题策划，要特别重视他们的文化背景、宗教、文化习惯、阅读心理、审美情趣以及政治、思想等价值取向。

当然，图书出版是一个系统工程，一个较完整的选题策划着眼于整个出版市场，包括策划选题、组稿、编辑加工、版式装帧设计、印刷、宣传、营销、发行等诸多环节。成功的选题策划是考虑出版社整体情况，对每个选题进行整体规划，将策划思想贯穿于图书出版的各个环节，尤其是要将选题策划与图书营销过程相结合，主要包括六方面的内容：市场调查的结果、读者的定位、图书创意设计、编辑过程安排、营销策划方案和信息反馈。

(四)策划编辑及伊斯兰文化图书策划编辑的基本素质

策划编辑是编辑群体中的重要组成部分，是相对文字编辑、美术编辑、技术编辑而界分的，是目前出版单位非常缺乏而又迫切需要的一种人才。现代编辑劳动的范畴已超越了对作品的修改、加工和完善的层面，而是更注重策划，并组织作者共同开辟精神生产的新领域。策划是发现和合理配置图书资源的一种具有创造性的劳动。策划能力是对编辑各种能力的检验，编辑除了学术水平、工作能力、思想水平，以及业务能力包括知识、文字的表达能力和编辑技巧等所有编辑人员都应该具备的素质和能力之外，对策划编辑的素质和能力要求更高。随着习近平"弘扬丝路精神深化中阿合作"讲话，及"一路一带"建设，策划编辑应该主要要培养以下十个方面的基本素质。

1. 高度的政治素养和民族宗教常识。

每一个策划编辑必须始终坚持马列主义立场、观点、方法，坚持社会主义方向，站在党和国家的大局和总体战略高度去策划选题，对版图疆域、民族宗教、法律法规等问题严格把关，只有这样，才能策划高水平的选题和出版高质量的图书。伊斯兰文化图书策划编辑，必须学习国家相关民族宗教政策，必须对伊斯兰教有一定的认识，必须对国家地区的民俗风情、宗教文化有比较清楚的了解。

2. 丰富的伊斯兰文化知识素养。

图书出版是一项科学文化工作，具有很强的知识性和学术性。伊斯兰文化类图书的策划编辑首先要是伊斯兰文化的学者，要有深厚的伊斯兰文化专业知识。其次，要具有广博的知识面。这样才能对选题的优劣真伪、学术价值、政治、宗教问题和发展趋势进行准确判断，从而策划出具有超前性的选题。

3. 广泛、及时捕捉信息的能力。

捕捉信息的能力是进行前瞻性策划活动的基础。策划编辑必须时时刻刻追逐最新的信息，要注意信息的时效性和针对性。这些信息主要有：社会信息（时事信息、经济信息、文化信息、社会生活信息等等）、行业信息（了解本行业的最新动态，知道同行的想法和行为）、读者信息（只有全面、准确、及时地把握读者的愿望和要求，才能有的放矢，策划出读者满意的图书）和出版社内部的信息（出版社长期来形成的特色、品牌，编辑的专长，拥有的作者队伍、发行团队的能力等等）。伊斯兰文化图书的策划编辑要博览回族伊斯兰文化图书，捕捉新闻信息，时时刻刻关注国内外报道，不放过任何有价值的线索。

4. 科学地分析处理信息的能力。

策划编辑只有具备科学地处理信息的能力，才能从获取的信息中提取对策划工作有用的材料，从中发现对策划具有参考价值的内容。只有善于将有价值的信息用于策划，具有相对超前的预见和把握以及创造性思维能力，决策才可能捷足先登，抢占市场，才能取得巨大成功。

5. 懂阿拉伯语或英语，知晓国际惯例与法规。

懂阿拉伯语或英语，知晓国际惯例与法规，不仅有利于及时了解国外多方面的信息，捕捉市场热点，开拓国外市场，同时对于整个国际的出版市场也能够有一个很好的了解，这对于策划编辑增强前瞻预测能力具有重要的意义。

6. 了解阿拉伯图书市场，培养前瞻意识和创新素质。

根据市场调查的结果，分析、预测今后一段时期内读者的阅读倾向和市场走势，策划出引导读者、引导市场、具有开拓性的图书，所有这些都要求策划编辑必须具备很强的前瞻能力。

创新素质与前瞻意识是密不可分的。没有创新的策划是平淡无奇、没有生命力的。只有通过创新，才能使出版物获得更大的社会效益和经济效益。美国心理学家科勒斯涅克认为："创造性思维，是指发明或发现一种新方式，用于处理某件事情或表达某种事物的思维过程。"阿拉伯国家除了对少儿图书非常重视之外，对中国的文学和当代经济发展等选题也非常感兴趣。

7. 善于学习借鉴，培养良好的职业素养。

策划编辑必须具备对整个出版过程全程策划和监控的能力，能够判别来稿的优劣，发现和识别优秀作者，以及对不同层次读者对图书的需求有较准确的把握。拥有丰富的出版信息资源，才可能尽量准确地做好策划方案。

当然，还要善于学习借鉴其他出版人的经验，并结合本社的实际情况，为策划工作打好基础。

8. 积极参加中阿博览会，培养广泛的社会交往能力和内部协调组织能力。

同社会上有关方面的人士建立广泛的联系，是策划编辑前瞻意识形成的重要条件之一。社交中我们可以学到平时在书本上无法学到的知识、经验和信息，为开创性策划工作的展开积累素材；可以结识各层面的人士，形成广泛而相对稳定的作者队伍；可以了解读者的需求，有助于对图书内容的策划、调整和改进。宁夏有着得天独厚的交往条件，每年的中阿博览会，各种分会都会邀请到国内外相关行业的顶级人才，所以，编辑要积极主动地参与到各个分会，学习专业知识、了解行业发展和结识各层面的人士。

同时，策划编辑只有不断改进自己的人才结构，需要以出版社自身所具备的基础和条件为依据，对内部人才、财力、物力和管理水平、人际关系等准确把握，有效地开发和配置资源，加强团结合作，调控编辑、出版、发行过程中各要素、各环节、各方面的关系，合理地使用人、财、物，使诸要素在编辑、出版、发行过程中实现最佳配置和结合，使它们发挥各自的作用，从而真正提高策划的有效性，取得最佳效益。

9. 独具特色的整体装帧设计的策划能力。

图书不仅是一种知识的载体，而且也是一种艺术的表现。读者对图书的喜爱也包括对装帧设计的喜爱。在书店众多图书中，首先能获得读者青睐的，就是精美、高雅、别致的装帧设计。所以，策划编辑要重视与美术编辑、技术编辑的协调、配合与合作，提出外观设计的总体要求，特别是版式的处理、图文的处理、图表公式的处理、书眉及页码标示的处理等，使图书为读者喜爱和接受。阿拉伯语图书，更应有鲜明的伊斯兰文化特色。

10. 面向中东地区的市场营销策划能力。

图书也是一种商品，要求策划编辑必须把图书市场营销策划置于图书出版的重要位置，并将其贯穿于各个环节。策划编辑必须是一个宣传者。要利用一切渠道，动用一切可以动用的力量，最好地完成图书的宣传，实现策划的预期目标。策划编辑不只是策划图书的编辑过程，还要有活动的策划。活动具有宣传图书、扩大读者群的作用，有很强的社会效益，是树立形象和推广品牌的好手段，同时，运作比较成功的活动会给出版社带来一定的经济效益。伊斯兰文化图书的广阔市场在中东地区，从选题策划之初，就应该有面向中东地区进行市场营销的策划方案。

(五)选题策划的主要环节

1. 捕捉新的选题生长点。

选题不是灵机一动的产物，而是长期思考的结果。一个具有良好职业素质的编辑，要广泛地接触社会生活，密切保持与作者、读者的联系，认真关注国内外图书市场的情况，并依据收集到的各种信息，随时发现生活中的"亮点"、"热点"，使之成为新选题的基点。

2. 开展多方面的论证。

(1)精神文化价值判断。图书应该对人类具有精神上的引导作用。一个好的选题应该是传播先进文化，弘扬社会正气，引人积极向上、奋发进取的，具有高尚性、高雅性和传承性。

(2)市场性判断。实现社会效益与经济效益的最佳结合是出版单位经营的重要目标。首先，要有明确的目标读者定位，适合图书市场细分的特点。其次，要有明确的图书功能定位，适应目标读者的实际需求，能为读者提供真正的帮助，或者服务于他们的学习和研究，或者服务于他们的工作和生活。第三，编辑要有具有前瞻性的眼光，能预见市场的发展和变化，以保证图书面世时不但不过时，而且还具有较为持久的市场生命力。

(3)成本与利润的判断。选题的最大追求是社会效益和经济效益的最大化。但是，某些有特大或很大社会效益的阿拉伯语选题，尽管经济效益不明显，在出版单位财力允许的条件下，还是应该列入选题计划。因为，这种选题的政治意义、社会意义远远大于经济效益。除此之外，一般选题都必须要预测选题的市场潜力，控制选题的成本，使之取得尽可能好的经济效益。

（4）可行性判断。选题的设计应该以具备必要的实施条件为前提，比如，作者的写作能力是否胜任，单位能否承受开发选题所需的投资，编辑能否驾御选题的特殊专业要求，等等。

3. 构思图书的总体结构

策划编辑要对选题的实施细节逐一落实，从而使选题具有明确的可操作性。

4. 不断修订和优化选题

编辑策划的选题通过以后，要根据图书市场的变化，适时地对选题的内容进行调整，同时使操作性进一步增强。

5. 营销活动策划

图书出版后，如何占领市场，这是选题策划时必须要考虑的重要问题之一。也就是说，选题策划时要有营销活动的策划。

二、如何组稿

图书的组稿一定要具有国际化视角。如果国内找不到合适作者，可以把目光转向国际市场，进行国际组稿。

（一）组稿的方式

1. 个别约稿

这是最常用，也是最主要的组稿方式。编辑可以采用电话、传真、电子邮件、QQ等各种现代通讯手段，与作者取得联系，提出约稿要求。而最好的方式，是当面进行洽谈。在与作者交往过程中，编辑一定要真诚、坦率，必须尊重作者，不能凌驾于作者之上。

2. 社会征稿

由于组稿的对象人数众多，分布广泛，短期内无法确定具体人选；或者是把这种组稿方式作为一种宣传手段，以此提高出版单位的知名度，出版社提出写稿要求，公开征集作者，以发现最佳人选，保证稿件写作质量。但是伊斯兰文化类图书对政治、宗教等要求严格，一般不建议这种方式。

3. 群体集稿

群体集稿是出版单位通过组织工作约请一批有写作实力的作者共同完成稿件的组稿方式。

(二)组稿的准备

1. 明确选题要求

编辑必须在组稿前深入研究选题和选题的要求，以充分的说服力让作者看到选题的价值和实施的可行性，吸引作者接受写稿。

2. 制订组稿方案

组稿以前，一定要制订具体的组稿方案。向谁组稿、由谁组稿、交稿时间、出书时间、装帧规格、稿酬标准……组稿编辑都要做到心中有数。没有组稿方案，临场处置难免会考虑欠周，影响组稿效果，甚至带来严重的不良后果，造成时间、经济、信誉等等消极影响。

3. 研究作者情况，确定写稿对象

要选择到合适的作者，编辑须平时就注意收集作者资料，建立作者数据库。无论是读书看报、开会访友，随时发现记录有价值的线索。要顺利完成组稿任务，要靠平时广交朋友，对国内专家学者要有整体的了解，拥有丰富的作者资源。编辑不仅要关注名家、专家的动态，更要瞩目尚无名望但有潜力的新人，因为他们既是未来选题最合适的作者，又是目前稿酬成本较低的作者。

(三)组稿的三阶段

第一阶段：明确选题目标，确定作者。第二阶段：和作者共同商量研究稿件写作的内容和要求。第三阶段：定期联系，掌握进度，热情帮助作者解决写作中碰到的问题和困难。

(四)组稿注意事项

一是不要轻率组稿，避免粗制稿件，或者组到稿件却无法实施；二是要选择作者，用人所长，杜绝出现政治、学术、宗教问题；三是组来的稿件，要有着落，及时出版、及时付给约定报酬；四是把组稿和组织作者队伍结合起来，每一次组稿的作者都要有记录，为以后顺利组稿打下基础。

第六章　编辑与读者、作者的关系

作者的作品通过编辑的加工整理后出版、发行，传播给读者。是作品将编辑与作者和读者紧密联系在了一起，所以，编辑要清楚与作者、读者的关系，才能适应和有效利用自己面临的读者市场和作者资源，把编辑工作做好。

一、编辑与读者

(一)读者的概念

读者是指具有一定阅读需要和阅读能力的社会群体，是出版物的阅读者和消费者，一般也用于称谓读书的人。从编辑学的角度来看，读者既是出版物的阅读者，又是出版物的购买者。

出版物中包含的精神财富，只有通过读者的接受才能转化成物质力量，体现编辑活动的社会价值。而读者是由不同类型、不同层次、不同地区的读者所构成的，编辑只有研究读者结构、读者需求和读者心理，研究不同的读者群体所具有的不同特点以及读者如何影响出版物市场的走向，有什么变化的规律，才能生产出满足他们的书籍。读者与出版物市场的密切关系，从某种意义上说，研究读者也就是研究出版物市场。

(二)编辑与读者的关系

1. 调查读者，有针对性地策划选题。

编辑工作的根本目的是为了满足读者的需求，读者决定了编辑的内容，可以说，读者的作用贯穿了编辑工作的始终。因此，只有读者需要的选题才具有出版价值和市场，必须认真调查读者。

编辑应划分读者类型，对读者进行定位，有针对性地策划选题。

(1) 读者的类型

按不同的标准划分，通常将读者分为以下几种。

①按年龄差异：分为幼儿读者、儿童读者、少年读者、青年读者、中年读者和老年读者。

②按文化层次：分为专家学者型读者、高层次读者、中等层次读者和低层次读者等。

③按职业不同：分为公务员读者、教师读者、工人读者、农民读者、军人读者、科研人员和其他专业人员等。

④按地域不同：分为城市读者、农村读者、沿海读者、内地读者、国内读者和国外读者等。

⑤按购买、阅读行为角度：分为潜在读者和现实读者、基本读者与随机读者、计划读者和市场读者等。

(2) 读者定位

读者定位，是指通过市场调研发现目标读者群，并为其策划适合阅读需求的阅读内容。读者定位通常要考虑读者的自然条件、社会条件和心理条件。

①自然条件。读者的自然条件包括读者的性别、年龄、婚姻、民族、生理特征及其所处的地理环境等因素。编辑出版图书可以专门针对某种性别、年龄、民族或区域等的读者。比如针对宁夏读者编辑的《走进回族》《宁夏文化源与流》等。

②社会条件。读者的社会条件包括读者的文化程度、经济水平、职业、专业等因素。这些因素各不相同，不同读者的图书的定位也就不同。

③心理条件。图书定位只考虑读者的自然条件、社会条件是不够的，还需要准确细致地把握读者的心理需求，如读者的情感、习惯、追求、趣味、嗜好等因素。

读者定位既要十分明确又不能一成不变，要不断地联系读者，研究读者，分析读者，根据社会的发展和图书市场的变化及时调整、策划和出版适应读者品味的图书。

2. 编辑也是读者，要大量阅读新书。

编辑只有自己成为读者，才能了解到图书市场的最新动向，掌握各类图书的出版现状，有利于策划、编辑加工。

3. 适应读者、尊重读者，更要引导读者。

没有读者，编辑工作就失去了意义。编辑应从读者的实际出发，全心全意为读者服务，根据读者的兴趣、爱好、购买力等方面，从内容到装帧、定价全面考虑如何适应读者、尊重读者、赢得读者。读者的需要可分为休闲的需要，如漫画、旅游类图书；审美的需要，如美术、书法、文学等；技术的需要，如养殖、建设工艺等；探索求知的需要，入学术类著作；等等。读者通过书籍获得知识，同时又以多种形式加以传播，编辑应该努力编辑出质量好、层次高的书籍来引导读者阅读习惯，提高读者认知水平、实现图书的社会效益最大化。

4. 加强与读者互动，认真处理读者意见。

互联网时代，编辑如果不能与读者加强互动，增进了解，就会失去读者，失去市场。与读者互动的方式也越来越多、越来越直接，主要有召开新书面对面讨论会，网上建立读者论坛、微信，开展网上评书活动，组织编辑、作者、读者联谊会，实现网上购书，等等。加强与读者互动的目的，就是要掌握读者的需要，发现编辑工作的问题，以改进工作，适应市场。对读者的意见要一一进行分析、解答、落实，一方面可以提高编辑工作能力，另一方面又能持续地赢得读者群的支持。

二、编辑与作者

（一）作者的类型

了解作者的类型十分重要，有利于正确署名。

1. 著者。指表达作者思想感情和研究成果的文艺作品和论文等，具有独创性。

2. 编著。是根据已有的知识、观点、资料用自己的构思和语言而写的作品。

3. 选编者。不直接创作，对占有的资料进行鉴别，提出自己的观点，主要是一些资料书、选集、文集等。

4. 主编。不是刊物的主编，是某种书籍的编辑活动的主持者和负责人。

5. 译者。将一种语言的作品翻译成另一种语言的作品的作者。

6. 编译者。既是翻译又是编辑的作品的作者。

7. 校订者。指将别人的译稿与原著对照，纠正漏译、错译，对文字进行润色、加工的作者。

8. 注释者。对书释的内容、背景、人物、引文、事件、名词等进行解释、说明、评论的作者。

（二）编辑与作者关系

《中共中央、国务院关于加强出版工作的决定》指出："社会主义的出版工作，是出版工作者和著译者共同的工作，他们之间的关系是同志式的互助合作关系。"一个出版单位能够提供多少出版物，这些出版物的质量如何，在很大程度上取决于作者所提供的作品。作者个人劳动的产品要经过编辑的劳动，才能变成社会产品；没有编辑劳动的投入，作者的劳动产品就只是个人的精神成果，无法通过社会传播实现其社会价值。

因此，编辑和作者的关系，可归纳为这样四点。

1. 劳动产品互为依存。

作者的稿子因编辑编发从而成为作者，编辑对作者的稿子进行编辑，从而成为编辑。编辑与作者的共同劳动产品是出版物。

2. 劳动成果互相影响。

作者不写稿子，编辑没书稿可编；编辑不予编发，作者写了白写。当然，作者可以发表在自己的博客或微信之中。作者的稿子不好，编辑水平再高，难以将差稿编成好稿；编辑水平不高，有可能将作者的好稿子退稿或编成差稿。当然，在出版行业市场化的今天，错失真正的好稿子，会使编辑和出版社蒙受巨大损失。所以，编辑必须提升个人能力，不能随意对待一部作品、一位作者。

3. 劳动过程中能力互相提高。

如同老师和学生可以通过教学活动教学相长一样，编者与作者也是可以相互学习、"编作相长"的。编辑与作者在不断交流中，不但能提升和图书质量，也能提升个人学识水平。

4. 产品成果与名气相互成就。

作者的成功，尤其是新的作者，很需要编辑的帮助。因为，作者不一定了解市场需求，不一定了解图书结构和表述方式是否符合读者需求。编辑要帮助作者实现写作计划和完善作品，认真加工整理，避免疏漏缺失。另外，编辑还可以组织作者来完成自己的出版规划。很多人认为编辑是"为他人做嫁衣"，是编辑成就了作者，其实，作者也在成就着编辑。因为作者的好作品是好书的基础，只有优秀的作者才能创作有个性、高品质的作品，要成为一名好编辑离开了好作者的好作品是不可能的。

（三）写好作者简介

1. 作者简介的概念。

作者简介也称"作者小传"，是对作者的简要说明，主要宣传作者，扩大其影响，同时给读者提供必要的资料，使读者在了解作者基本情况的基础上再读其作品，更容易理解，从而得到更多的收获，留下更深的印象。写好作者简介对于获得读者有很重要的作用。

2. 作者简介的类型。

按写作主体分，有作者自己写的，有编辑写的，也有作者或编辑请他人写的；按放置的地位分，有单辟专门页面的，有放于勒口或面封、底封的，有置于文章开头或末尾的，还有作为注释或按语出现的。

3. 作者简介的内容。

作者简介的内容一般应是作者生平和主要成就的概括介绍，大体上包括以下几点。

(1)简历,包括出生年月、籍贯、学历、工作经历(或社会职业)等。

(2)专业技术职务、行政职务。

(3)主要成就和贡献,包括作品和获奖情况等。

(4)其他值得介绍的有关情况。

4. 作者简介的写法。

(1)突出重点。作者简介只介绍作者的主要事迹和成就。譬如,简历一般只写生年(或生卒年)、籍贯、最高学历、社会职业和重要职务等(学历、社会职业和职务也可不写);主要成就只写与本书相关的作品及其获奖情况,不涉及其他方面。

(2)形式多样。作者简介应该根据作品的不同情况写成不同的形式,要与作品的性质相协调。作品性质严肃的,宜写得严肃端庄;小说、散文的作者简介,可以写得轻松、诙谐、幽默一些。

5. 撰写作者简介应注意的问题。

(1)材料要真实。作者简介往往带有史料性质,一旦失实,容易以讹传讹,要注意核实材料。

(2)材料要具有稳定性。一些时效性短的材料不宜写到简介中。

(3)文字要简明。作者简介行文一定要简洁,言之有物,用材料说话,尽量不用形容词、比喻等。

(4)评价要适当。对作者及其作品的评价,一定要实事求是,防止过于夸张拔高。

(四)编辑的作者工作

1. 尊重作者的劳动,平等交流。

编辑首先要尊重作者的人格、著作权,尊重他们的劳动成果，修改稿件时，如与作者发生分歧，要与作者认真沟通，妥善处理，切忌因为编辑修改的多而剽窃作者劳动成果或随便把自己也加为作者。编辑要热情、真诚地对待作者，对作者稿件提出意见和建议，提供修改方案，帮助作者修改、完善稿件。因为大多作者不一定了解市场、了解读者需求，编辑要起到协调和搭桥作用。

2. 善于发现和选择作者，建立作者队伍。

市场经济条件下，编辑要善于根据选题定位去发现和选择知识结构、写作方法、语言表达等与之相符的作者，要重视名家，但不能以名取人，要具有发现扶持新作者的观念和慧眼。编辑经过自己的努力使不知名的作者成为有影响的人物，使其作品成为家喻户晓的作品，能稳定扩大作者队伍，获得更多、更佳出版资源的力量。

建立作者队伍常用的方法有以下几种。

（1）在编辑书稿时认真、尽职尽责，并努力做好服务工作。作者对编辑认可之后，会产生"连锁反应"，把自己的写作朋友介绍给编辑。

（2）扩大阅读量，从已出版或发表的书籍作者简介、文章、书评中发现线索。

（3）参加作品研讨会、学术研讨会、书展等，借机认识作者。

（4）注意审读自然来稿，关注网上动态和身边所有人际关系网中的交流线索，善于发现新的作者。

3. 建立作者队伍数据库，常与作者联系。

编辑要为自己的作者队伍建立数据库，详细记录每一位作者的专业、专长、学识、写作风格、年龄、电话号码、邮箱等,并将各细分类别中相同、相似、有关交叉关系的作者进行归类,备注他们各自的特长与特点,以便于以后有选题时约请作者。

编辑平时要多与作者联系,关注他们生活、工作,节假日致以问候,有新的讯息要及时与作者进行交流。平时与作者成为朋友,一方面可以互相交流,增进友谊,另一方面,约稿时容易达成协议。

4. 维护作者权益,认真履行合同,及时付酬。

编辑不但要尊重作者的署名权,还要认真履行合同,督促有关部门及时付给作者稿酬及样书。有的出版社由于诚信的缺失,不付酬、拖欠稿酬或不及时付酬,使编辑失去作者的信任,从而使作者队伍流失、匮乏。

在编辑与作者的关系中,编辑处于主导地位,编辑应加强与作者的联系。只有通过与作者的联系、沟通、交流,才能把稿子编得更好。同时,在与作者交流中,还会闪现新的思想火花,策划、催生新的作品。

三、编辑与读者和作者的关系

编辑、作者与读者三者的关系,是互相依存、互为前提,又互相影响的。没有作者和编辑,就没有作品,当然也就没有了读者。而读者需求对作者和编辑的工作会产生影响,作者和编辑通过作品也在影响和提高作者。在图书出版过程中,无论是作者来稿编辑加工的"作者—编辑—读者"模式,还是编辑根据读者的需要策划选题,组织作者编写的"读者—编辑—作者"模式,编辑都充当了一个中介桥梁的作用。

编辑和作者的共同目标是为了作者。作者创作作品，编辑加工出版作品，都是为了赢得读者。没有读者的阅读，编辑和作者的劳动就没有了社会价值和劳动价值。

因此，全面认识，正确处理好编辑、作者、读者三者之间的关系，有利于文化的繁荣和发展。编辑要充当好作者和与读者之间的中介桥梁作用，必须搞好与作者、读者的关系，努力做好编辑工作，才能生产出好作品得到读者的认可。

第七章　认真履行选题报批制度

一、年度出版计划备案制度

（一）年度出版计划

年度出版计划也称年度选题计划，是出版社准备在下一年度安排出版的产品计划，是保障图书质量的出版宏观调控机制中预报机制的组成部分之一。出版社的年度出版计划必须经所在地省级新闻出版局审核后报国家新闻出版广电总局备案。国家新闻出版广电总局要求，出版社应在上一年的第四季度制定出版计划，先报其主管部门审核和批准，然后送所在地新闻出版局审核同意后，报国家新闻出版广电总局备案。

（二）增补选题

出版社如在年度出版计划已经审核、备案后，还需增补选题，要在发稿前一个月将选题计划报送省级新闻出版局审批。特殊急件须随时报批。

（三）行政处罚

根据规定，出版社未将年度出版计划上报备案或在出版物出版后再补报计划，都将受到行政处罚。

二、专项选题报批

（一）专项报批

专项选题报批，是指某些选题除列入年度出版计划备案外,还须向出版行政部门单独报批,获准后才能出版。

(二)须报批的专项选题

根据新闻出版总署1988年发布的《关于性知识、性科学图书出版的通知》、1989年发布的《关于严格控制人体美术图书出版的通知》和1991年发布的《关于贯彻执行国务院(法规汇编编辑出版管理的规定)的通知》,出版性知识、性科学、人体美术、法规汇编等类型的图书均须履行专项报批的手续。根据新闻出版总署1997年发布的《关于对引进版图书加强管理的规定》,出版引进版图书也须将选题向出版行政部门专项报批,选题获批准后,还应将有关的出版合同报版权行政部门审核、登记。此外,有些选题或稿件内容,如出版社感到难以把握,认为须请示出版行政部门的,也须履行专项报批手续。

(三)报批程序

专项选题报批手续,一般向所在地省级新闻出版局申请办理。

三、重大选题备案制度

(一)重大选题

重大选题,是指涉及国家安全、社会安定等方面的内容,对国家的政治、经济、文化、军事等会产生较大影响的选题,具体包括:

1. 有关党和国家和重要文件、文献选题;

2. 有关党和国家曾任和现任主要领导人的著作、文章以及有关其生活和工作情况的选题;

3. 涉及党和国家秘密的选题;

4. 集中介绍政府机构设置和党政领导干部情况的选题；

5. 涉及民族问题和宗教问题的选题；

6. 涉及我国国防建设及我军各个历史时期的战役、战斗、工作、生活和重要人物的选题；

7. 涉及"文化大革命"的选题；

8. 涉及中共党史上的重大历史事件和重要历史人物的选题；

9. 涉及国民党上层人物和其他上层统战对象的选题；

10. 涉及前苏联、东欧以及其他兄弟党和国家重大事件和主要领导人的选题；

11. 涉及中国国界的各类地图选题；

12. 涉及香港特别行政区和澳门、台湾地区图书的选题；

13. 大型古籍白话今译的选题（指 500 万字以及 500 万字以上的项目）；

14. 引进版动画读物的选题；

15. 以单位名称、通讯地址等为内容的种类"名录"的选题；

所列重大选题的范围，新闻出版广电总局有时会根据情况适时予以调整并另行公布，所以，必须随时关注相关动态。

(二)重大选题备案的手续

凡列入备案范围内的重大选题，图书、音像制作、电子出版物出版单位在出版之前，必须报新闻出版广电总局备案。未经备案的，不得出版发行。

1. 出版单位在重大选题经所在地省级新闻出版局审批后向新闻出版广电总局申报重大选题备案时，应当填写备案登记表并提交下列材料。

(1)备案申请报告。

(2)选题、书稿、文章、图片或者样片、样带。

(3)出版单位的上级主管部门或所在地党委宣传部门的审核意见。

2. 图书、音像制品、电子出版物和互联网出版物的重大选题，应当经所在地省级新闻出版局审批后报新闻出版广电总局备案。新闻出版广电总局自决定受理备案之日起 30 日内，对备案申请予以答复或者提出意见。

(三)重大选题备案对违规行为的处理

出版单位违反备案办法，未经备案而出版属于重大选题范围的出版物，无论内容有无问题，一律先停止出版发行。同时，由出版行政部门责令该出版单位按照规定办理申报备案手续，待查实问题后给予相应的行政处罚，并责成出版单位的上级主管部门对出版单位主要负责人给予行政处分。

第八章　常用编辑应用文

一、编辑应用文

(一)概念

编辑应用文是编辑人员为处理编辑工作过程中的各种事务而写作的应用文。如选题报告、编辑计划、审稿意见、编辑工作书信、图书辅文、图书宣传文字等，都属于编辑应用文。

(二)基本要求

1. 观点鲜明

编辑应用文的写作以解决编辑工作中的实际问题为宗旨。编辑动手写作之前首先要确定打算解决哪些问题、如何解决，针对这些问题，鲜明地表达观点，提出明确的处理意见。

2. 条理清晰

编辑应用文要结构严谨、条理清晰，做到中心突出、层次清楚，合乎逻辑和事理。只有这样，才能使阅读者充分了解写作的目的、意图及所阐述的内容。

3. 文字简练

编辑应用文的篇幅以简明扼要为主。简练的文字又便于记忆，但一定要增强表达力，突出主要思想。

4. 归档备查

编辑应用文作为编辑工作过程中的业务文件,在一项工作完成或出版物正式出版之后,都应该归档保存,以备日后检查、借鉴参考、发行宣传等需要时查阅。

二、选题报告

(一)选题报告的形式

1. 表格式。一般用于普通的书稿。在表格中设有各种必备的固定项目,编辑逐项填写相关内容。

2. 文本式。根据选题的不同情况,按选题报告的要素专门撰写的文章。文本式选题报告中各个项目的详略和次序可根据突出重点的要求自行安排,也可以提出一些问题和困难,要求领导协助解决。

(二)选题报告的内容

1. 选题名称。

2. 提出选题的原因、依据及目的。

3. 选题的文化价值和出版价值。

4. 选题形成的过程。

5. 选题的内容,写作的体裁以及篇幅、成品的物质形态等情况。

6. 读者对象。

7. 拟请作者简介。

8. 与同类出版物的比较。

9. 估计交稿时间、发稿时间和出版时间等进度安排。

10. 社会效益和经济效益的预测以及相关的印数估计、成本测算等。

11. 不同阶段的图书宣传要求和方式，营销的策略等。

12. 其他方面情况。

选题报告的上述内容，因具体选题的不同而可详可略，其顺序也并非固定不变，也不是只有一种格式，但一般都要有所反映。

例一：

选题名称	中国共产党在一九二一 （1927/1936/1945/1949/1956/1976/1978/1989/1997/2008/2013） （"中国共产党重要纪年"丛书）					
单本/多本	多	字数 （千字）	120	稿酬 标准	100元/ 千字	成品 尺寸	165× 235
作者情况	××：××党史办主任。长期从事党史研究，出版过《××××××》《×××××》等著作。					
来稿时间	2010.12		拟定出版时间			2011.5
选题依据	每个年轻人都渴望了解中国共产党的故事，并期待自己也受到影响、改变平凡而普通的生活。尤其是中学时代这个人一辈子最重要的人生阶段，正是他世界观、人生观、价值观养成的重要时期，"告诉他中国共产党的故事"对他的影响将终身难忘。青少年渴望他们尊敬的名人能够告诉他们那些关于梦想、责任、伤害、友情、爱情等等抽象的人生哲理和做人做事原则，从普通走向优秀，成为杰出青少年，让自己的人生与众不同。 　　本书是针对中学生及其家长普遍的"杰出青少年"的集体情结而量身定做的青春励志图书：中国共产党历史上的每一次坎坷与崛起，既有中国共产党领导人的故事，也有改变了中国共产党方针政策的重大事件，一个个直抵我们内心的小故事，都是在困难中发生，然后就让他们的人生与国家的发展紧密联系，让青少年获得改变一生的感悟，从困难中面对现实，努力做起！ 　　中国共产党的奋斗历程体现了一个道理：只要主义真，只要坚持，就能成功！					

同类书比较	(1) **定位于"青春励志"** 本丛书的出版理念是"贴近青少年青春时尚流行文化，激励青少年健康优秀快乐成长"，让青少年的人生积极向上，所以系列图书会选择三个方面：一是中国共产党面对的严峻危机；二是最受青少年关注的领导人物的传记；三是值得青少年尊敬的名人的人生哲理故事，采用像《读者》、《青年文摘》、《格言》那种"小故事大道理"的文摘体方式，配上历史写真图文。 (2) **适应大众的阅读习掼** 小故事大道理的方式近年来热销图书市场。《读者》、《青年文摘》等传统文摘的杂志形态主体就是小故事大道理；《意林》、《格言》等两本新崛起的文摘杂志更是明确打出小故事大道理、小角度大意境等的杂志形态，在不到两年内相继突破发行到150万册和80万册。 这表明：读小故事，获得人生启悟，是目前大众读者的阅读习掼和阅读需求。 本系列图书采用小故事，是为了适应市场。但是，如果纯粹只是小故事大道理的形式，就会跟在别人后面转，连西北风都喝不到。所以，必须要有自己以下几个独特的点。 (3) **名人的故事：调动中国人集体崇拜的兴奋点** 大众对名人还是有一种集体崇拜的盲目性，所以，本系列书强调名人的故事。 (4) **"流行主题"：打中读者内心渴望的东西。** 以当下流行的观点、热点、情感等能引起读者共鸣的主题讲述名人的故事。
专家建议	史料必须真实，语言要明快，篇幅不宜太长。

书装设计费用	平装。书名烫黑，设计简单、大气，以红色、白色为主色调。 封面 1000 元/册，内文 10 元/P。			
纸张建议	内文：70g，轻型纸。封面：250g，铜。环扉 100g，木浆纸。			
设计要求	封面彩印，覆亚膜。内文黑白。可设计 4P 彩插。			
社会效益目标	广泛宣传中国共产党的奋斗历程，激励青少年健康优秀快乐成长。			
经济效益目标	20 万元			
有无出版补贴	无，可向宣传部、团委等争取资助。			
首印数建议	1 万册~1.5 万册	总印数预估		2 万册~4 万册
建议发货折扣	（主渠道） 60 折 （二渠道）55 折		建议定价	18 元
首印预计成本	4 万元			
首印预计利润	6 万元			
宣传策划	利于电视、报纸、馆配会、学校党团活动等进行宣传。			
其他				

例二：

选题名称：《当代中国穆斯林作者小说（第一辑）》

选题负责人：唐　晴

联系电话：135××××9210

表1：　　　　　　　　　基本情况表

出版物语言文种	阿拉伯语	
项目内容与预期目标	项目内容：《当代中国穆斯林作者小说（第一卷）》（阿拉伯语）10种：01.《风流云散》 02.《月光下的铜汤瓶》 03.《白盖头》 04.《风往北吹》 05.《奔跑的骨头》 06.《灰袍子》 07.《换水》 08.《静静的月亮山》 09.《回回娃》 10.《民间宁夏》主要选取宁夏穆斯林作者的优秀小说作品。 预期目标： 一、将回族为主的作者的优秀作品翻译为阿拉伯文字，体现了国家对少数民族作者的关怀，对作者是极大的鼓励，有利于少数民族文学的发展。 二、让阿拉伯国家对当代中国穆斯林的文化、生活有最真实的了解。看到中国民族团结和中国共产党的民族政策的先进性。 三、版权输出阿拉伯国家。	
项目起始时间	2012年7月	计划完成时间	2015年12月

表 2： 直接成本预算表

项目总预算：	192 万元	
项目直接成本总预算构成			
序号	项目构成	预算(万元)	预计支出年度
1	联系作者和翻译人员	2	2012
2	稿酬	20	2012
3	翻译	80	2013
4	校对	24	2013
5	编辑	15	2013
6	宗教局审读	3	2014
7	排版、设计	8	2014
8	印刷	40	2014
测算依据及说明	1. 联系作者翻译：因为作者和翻译均在外地，需要邀请和协商。费用 2 万元。 2. 稿酬：协议稿酬，平均每本书 2 万元。10 本书共 20 万元。 3. 翻译：因为翻译要请阿拉伯语和英语专家三次修改审定，平均每本 2 万元。10 本书共计 80 万元。 4. 校对：必须请阿拉伯语和英语及汉语文字专家进行三次校对，每本 2.4 万元，10 本共 24 万元。 5. 编辑：每本书阿拉伯语要严格的 3 次编辑加工审读，每次 5 千元，共 6 次 11.5 万元。10 本书 15 万元。 6. 宗教局审读：阿语和汉语审读每本共 3 千元，10 本 3 万元。 7. 排版、设计：需要专业的软件和人员，每本书约 8 万。10 本书共 80 万元。 8. 印刷：该书为了配合"走出去"面向阿拉伯国家，还要针对宁夏回族自治区"图书进寺院工程"，印刷每本书需要 4 万元，10 本书共需要 40 万元。		

表 3　　　　　　　　　项目可行性报告

中国穆斯林和阿拉伯国家有着天然的联系，无论从历史还是从现实看，文化的作用在中阿交往中表现得越来越突出。阿拉伯语为22个阿拉伯国家的官方语言，以阿拉伯语作为母语的人数超过4亿人。我们在去年中阿出版论坛和阿拉伯出版商协会广泛调研，今年在沙特利亚得国际书展上进行了深入交流沟通，阿拉伯人不仅对中国传统文化有浓厚兴趣，尤其对中国穆斯林生活情况，中国穆斯林作者的文学作品有强烈愿望。在2012年沙特利雅得书展上，阿拉伯国家提出"生活即阅读""关注自然科学和人文科学"的主题，非常重视文学作品的出版。许多出版社听说我们来自"中国的穆斯林省"，纷纷要求我们提供反映中国穆斯林生活，特别是中国穆斯林作者创作的图书。因此，出版穆斯林作者的阿语版图书对文化"走出去"战略具有很重要的意义，我们特别策划了这套丛书。

中国穆斯林作者的文学作品在社会进步、时代发展的过程中，不断表现得越来越优秀。尤其宁夏回族自治区的穆斯林文化在集中表现回族生活发展、民族团结、民族自强等方面有着浓郁的穆斯林色彩。该丛书主要择取了一些适合大众阅读的题材，其中包含了鲁迅文学奖、骏马奖等获得者石舒清、了一容、李进祥的作品，有20世纪50年代的老作者查舜，也选取了年轻的女性作者阿舍、平原的作品。作品内容从多方面、多层次借助充满戏剧性和艺术性的创意，塑造了众多形象迥异、个性鲜明的人物形象，同时书中诚信、友情、梦想相互交织，扣人心弦。作品大量表现了中国穆斯林积极的生活方式，表现了现代中国各族人民和谐、安详的生活。选取不同年龄的作者也表现了中国穆斯林在文学创作上人才辈出。该丛书使人们在阅读的同时，不仅能够得到精神上的愉悦，还能加强阿拉伯国家对穆斯林生活和中国共产党民族政策的正确理解。同时，以小说这种表现形式,有强大的宣传力和辐射力。

为了更好的"走出去",在文学出版方面为中国与阿拉伯国家的文化交流发挥更多积极有益的作用,为阿拉伯世界更好地了解中国各族人民和谐相处、共同发展,了解中国穆斯林的生活,增进彼此间的理解和交流提供更多的优秀图书,我们希望出版此套丛书。

表4　　　　　　　　　　实施计划

时间 (以自然季度为单位)	项目实施内容
2012年3季度	联系作者和版权,丛书汉语的编写
2012年4季度	与作者签订合同。
2013年1、2季度	丛书汉语的编写及校对
2013年3、4季度	丛书汉语的编写及校对
2014年1、2季度	汉语编辑整理及宗教局审读
2014年3、4季度	阿拉伯语翻译
2015年1季度	阿拉伯语翻译及校对
2015年2季度	阿拉伯语编辑及宗教局审读
2015年3季度	排版设计及编辑修改
2015年4季度	发稿印刷

三、退修信

退修信是出版单位将稿件退回作者要求进行修改时写的信。退修信一般由初审者综合复审、终审的意见撰写。征求终审意见后以出版单位名义正式发出。但是,对那些内容比较复杂、难度较大的稿件,最好三个审级的人员共同讨论以后再写。编辑一定要重视书写退修信,因为这是帮助作者提高稿件质量的一个重要途径,也是编辑与作者交流的重要方式,同时,还是编辑提高自己业务水平的一种重要途径。

四、审稿意见

(一)审稿对稿件质量的要求

审读稿件以政治性、思想性、科学性和知识性作为基本要求，从稿件内容和写作形式两个方面对其质量进行评估。

(二)审稿的方法

1. 通读。

通读是了解稿件全部内容的唯一途径，只有通过通读，才能奠定审稿的基础，对稿件质量、特色、编校等形成总体认识和处理意见。一般情况下，至少要通读两遍：第一遍是略读，第二遍是精读。通读后还可以抽读重点、疑点部分，从而使审稿判断更准确。

2. 比较。

根据对已经出版的同类图书来进行比较，具体了解稿件是否有创新与特色，在某些方面是否超过已出版的作品，是否有剽窃之类的侵权行为。比较可以帮助审稿者对于稿件材料和观点的新旧，作者视野的宽窄和见解的优劣，稿件质量的高低和价值的大小作出基本的判断。

3. 分析。

经过阅读和比较以后，审稿者要从以下几个方面对稿件进行全面的分析：稿件是否达到了选题策划的要求，内容是否切题，立论是否正确，材料是否可靠，表述是否通畅，体例是否统一，文字是否通顺，等等。

4. 综合。

审稿者在经过通读、比较、分析的基础上要进行综合。

（1）对稿件依据政治性、思想性、科学性、知识性等方面的基本要求，判断其是否达到出版的质量要求，对稿件在内容、体系、结构、形式、文字等方面的优缺点作总体性的衡量与评价。

（2）对稿件是否符合本出版单位的出版要求和出版风格、是否可以归入本单位现有的品种板块之中，有一个较为明确的判断。如果是基本可以，就要对稿件如何整合、改善提出具体建议；稿件如果可以出版，还要考虑稿件的内容可以做什么样的宣传、促销工作，核算该书的社会效益和经济效益，等等。

（三）审稿意见的内容

责任编辑审读完全部稿件后，先要对稿件的内容、特点和问题等加以分析、综合，然后写出审稿意见。审稿意见一般包括以下几方面内容。

1. 简介稿件的基本情况。

包括稿名、稿件来源、审稿简况（如是否开过审稿会或送外审过，若有外审意见，须附上）以及稿件的实际情况与选题报告中原先的设计是否吻合、有哪些变化等。

2. 概述作者简介。

介绍作者的简要情况，包括专业技术职务、行政职务，已出版的作品及其水平和社会影响。如是知名作者，介绍可以简单些；如是新作者，要尽可能详尽地介绍其业务能力和学术水平，说明有无同类性质的著述，等等。

3. 叙述内容简介。

说明稿件的内容范围、专业门类、写作方法等；文艺作品可简述其主要内容。

4. 重点分析稿件的价值和质量，表明是否采用的意见。

5. 针对稿件的不足之处提出相应的修改意见。

6. 对自己有疑问的地方，提出待处理的问题。

审稿意见要注意详略得当、轻重有致。对本质性的、全局性的问题，宜写得详细些，对枝节性的问题指出即可。

审稿意见的写法多种多样，并无固定的格式。但是，不论采取何种写法，都要对稿件的评价和处理意见写得十分明确，意见具体，条理清楚。审稿意见是每个编辑的基本职责之一，能反映出编辑的学识的深浅、编辑业务的生熟、逻辑思维能力的强弱以及语言文字水平的高低等，也能衡量一个编辑业务水平高低，同时，有利于编辑对稿件的加工整理。所以，编辑应该重视编写审稿意见。

第九章　图书的质量标准

一、图书质量是出版社的生命线

图书质量包括内容质量和形式质量两个方面。内容质量是指图书在政治性、思想性、科学性、知识性、艺术性、结构合理性、语言文字规范性等方面表现出来的水平；形式质量是指图书在装帧设计、印制、材料等方面表现出来的水平。一本高质量的图书，应该既具有很高的使用价值和文化传承价值，也具有较高的观赏价值和收藏价值。而政治性质量、思想性质量低劣的图书，会腐蚀读者，甚至诱发犯罪，对社会造成危害。高质量的图书有利于树立出版社的良好形象。一个出版社能否在社会上和读者心目中树立起良好的形象，主要在于出了多少高质量的图书。一个出版社如果大量出版低级庸俗的图书，即使在一段时间内赚了钱，同时也败坏了出版社的声名，甚至可能会使出版社面临灭顶之灾。所以，应当把图书质量看成出版社的生命线。

出版社应该遵循国家规定建立并健全有关的图书质量保障机制，建立并认真执行一系列相关制度，充分重视社会对图书质量的反映并作出改进，才能为社会不断提供高质量的图书，从而维护好自己的生命线。

二、图书质量管理制度

图书是出版社的产品,它的质量好坏、高低,主要取决于出版社的各个生产环节,因而出版社的质量管理具有特别重要的意义。图书质量管理基本制度如下。

(一)选题集体论证制度

图书质量首先来源于选题质量。建立选题集体论证制度,能集思广益,群策群力,以民主和集中相结合的论证方法,共同把好选题关。切忌一言堂,一把手拍脑袋定选题。

(二)选题报请审核备案制度

1. 年度选题计划审批和备案制度。
2. 重大选题必须按国家有关规定履行审核、备案手续。
3. 特殊选题要履行专项报批。

(三)三级审稿责任制度

三级审稿责任制度,是我国长期以来行之有效的审稿制度。

(四)责任编辑制度和编辑持证上岗制度

图书的责任编辑由出版社指定,一般由初审者担任。责任编辑除负责初审工作外,还要负责稿件的加工整理和校样的通读工作,使稿件的内容更完善,体例更严谨,材料更准确,语言文字更通达,逻辑更严密;还要消除一般技术性差错,防止出现原则性错误;还要负责对整体设计、排版、校对、印刷等环节的质量进行监督。为保证图书质量,可以根据稿件情况,适当增加责任编辑人数。

编辑人员必须通过全国统一考试来获得出版专业职业资格证书,持证上岗。未获得中级出版专业职业资格证书的人员,不能担任责任编辑。

(五)责任校对制度和"三校一读"制度

校对是出版流程中不可缺少的环节,直接影响图书的质量。每出一种书,都要指定一名具有出版专业中级及以上职业资格的专职校对人员为责任校对。一般图书的专业校对应不少于三个校次并至少通读一次,重点图书、工具书等应相应增加校次。市场化后,一些出版社没有专职校对,但是责任编辑应承担并负责这一环节的落实。

(六)出书后的评审制度

出版社要成立图书质量评审委员会,定期对本社新出版图书的质量进行认真的审读、评议,奖优罚劣,并根据有关规定对质量有问题的图书及其责任者作相应处理。

(七)其他几项制度

上述各种制度是各出版社在任何时候都应执行的,具有普遍性。此外,还有一些个别性的、在某些较特殊情况下须执行的制度。

1. 特殊图书外审制度。这是将书稿送请有关部门或专家审读。适用于两类选题:一是需申报备案或专项报批的选题,稿件应该送请有关主管部门审定其中的重大政策问题、涉外问题等;一是学术性、专业性特别强的选题,出版社的编辑觉得单凭自己的水平难以把握稿件内容的正确性,需要送请社外的有关专家审阅。

2. 各学科交叉审读制度。这是由各学科的编辑互相交换审读稿件。多适用于大型工具书的选题。通过各学科编辑的交叉审读并各有侧重地把好专业知识关,可以避免或大大减少重复、遗漏或相互矛盾等失误。

3. 专家通读及专项检查制度。这是聘请各方面专家对已按学科分别进行编辑加工整理的稿件合在一起后作全面的或跨学科的专门检查。

三、图书质量标准

图书质量标准分为单项质量标准和成品图书质量标准两种。

(一)单项质量标准

单项内容标准包括内容、编校、整体设计和印刷装订四个方面的质量标准。

1. 内容质量分为合格与不合格两级。

(1)凡是图书的选题和内容在思想、文化、科学、艺术等方面，有一定的学术价值、文化积累价值或使用价值的，为合格。

(2)凡是图书的选题和内容在思想、文化、科学、艺术等方面，没有价值或有严重问题或违反国家有关规定的，为不合格。

严禁内容质量不合格的图书出版，是从总体上保证图书质量的必要条件。

2. 编校质量分为优质、良好、合格、不合格四级。

(1)差错率低于 0.25/10000 的，为优质。

(2)差错率超过 0.25/10000，未超过 0.5/10000 的，为良好。

(3)差错率超过 0.5/10000，未超过 1/10000 的，为合格。

(4)差错率超过 1/10000 的，为不合格。

编校差错包括：错字、别字、多字、漏字、倒字、混用简繁体字的差错；知识性、逻辑性、语法性差错；一般性的科学技术知识、政治性差错；外文、少数民族拼音文字、国际音标、汉语拼音的拼写差错；外文缩写词大小写的错用，外文中的人名、地名、国家名和单位名等专有名词中各单词词首大小写的差错，不同文种的单词、缩写语混用的差错；量和单位的中文名称不符合国家标准；阿拉伯数字与汉语数字使用不规范的差错；标点符号和其他符号的差错以及格式的差错，等等。这些差错全部按不同的比例折合成文字差错，并按"万分比"计算全书差错率。

3. 整体设计质量分为合格与不合格两级，反映在内容和形式两个方面。

（1）合格。封面（包括面封、封二、封三、底封、脊封、勒口以及护封、函套）、扉页、插图等，能够恰当反映图书的内容且格调健康，全书版式设计统一，字体、字级使用合理的，为合格。

凡合格品，从内容上说，所用的图片、图案和插图等，既要政治思想上正确并能恰当地反映全书的内容或主要精神，又要格调健康、高雅，有强烈的吸引力和感染力，能给人以美的感受；从形式上说，设计的整体构思，图案、线条、色彩、字体、字级等的运用以及版式都要做到统一协调，合理美观。

（2）不合格。封面（包括面封、封二、封三、底封、脊封、勒口以及护封、函套）、扉页、插图等，不能反映图书的内容或格调不健康的，或者全书版式设计不统一，字体、字级使用混乱的，为不合格。

凡不合格品，从内容上说，所用的图片、图案和插图等或者政治思想上有问题，或者不能够恰如其分地反映全书的内容或主要精神，或者格调低级庸俗甚至龌龊下流；从形式上说，设计的整体构思与图案、线条、色彩、字体、字级的运用等，混乱不堪、毫无章法，表现出极大的随意性，且在版式上也没有统一的标准。

4. 印刷装订质量分为优质、良好、合格、不合格四级。

(1)图书印刷装订的质量全面达到优质品标准的，为优质。

(2)图书印刷装订的质量某一项或某两项存在细小疵点，其他各项均达到优质品标准的，为良好。

(3)图书印刷装订的质量全面达到合格品标准的，为合格。

(4)图书印刷装订的质量有严重缺陷，达不到合格品标准的，为不合格。

1992年11月新闻出版总署发布的《书刊印刷产品质量监督管理暂行办法》及中华人民共和国行业标准《书刊印刷产品质量评价和分级方法》等规范性文件，对书刊印刷装订的质量标准有详细规定，可以参见。

(二)成品图书质量标准

成品图书质量标准是以四项单项质量标准为基础而形成的综合质量标准，分为优质、良好、合格、不合格四级。

1. 优质图书的标准，是内容、整体设计的质量达到合格标准，编校、印刷装订的质量达到优质标准。

2. 良好图书的标准，是内容、整体设计的质量达到合格标准，编校、印刷装订的质量达到良好标准（含其中一个项目达到优质标准）。

3. 合格图书的标准，是内容、整体设计的质量达到合格标准，编校、印刷装订的质量达到合格标准（含其中一个项目达到良好或优质标准）。

4. 若上述四项单项质量中有一项不合格，成品图书即为不合格品。

四、图书抽样检查

各级出版行政部门实施的图书抽样检查有两类。一是有重点、有目的、有针对性地组织有经验、有水平的审读人员，随机抽样审读所辖地区出版社出版的和市场上销售的图书，对质量优秀的图书便向读者大力推荐，对质量有问题的图书及时处理并向上汇报；发现倾向性的问题，则向上汇报，向下打招呼。二是每年根据上述图书质量标准对图书进行质量抽样检查。这里主要讲后一类抽样检查。

(一)抽查的方式

1. 各出版社每年对自己所出图书的质量至少分别进行两次自查，每年的自查结果和有关情况应于次年 1 月 31 日前上报出版行政部门。在出版社自查的基础上，省级新闻出版局和出版社的主管单位组织图书质量检查小组或聘请图书质量审读员，对所辖各出版社的图书进行抽查。

2. 国家新闻出版广电总局根据全国图书质量实际情况及读者的反映，每年选取部分出版社的图书，进行质量抽查。

出版行政部门和出版社的主管单位抽查的结果以及审读记录，以书面形式通知出版社。出版社如有不同意见，可在接到通知后的 30 日内提出申辩意见上报，请求复议。如有异议，报国家新闻出版广电总局裁定。

(二)对保证图书质量者予以褒奖

国家新闻出版广电总局、省级新闻出版局对一贯注重图书质量工作的出版社和个人，以及采取有力措施而在短期内提高了图书质量的出版社和个人，可以给予表扬和奖励。

(三)对不能保证图书质量者予以惩处

1. 对于年新版图书品种有10%以上质量不合格的出版社，出版行政部门可以视情节轻重给予通报批评或警告、罚款、停业整顿的处罚。

2. 经检查定为质量不合格的图书，须采取技术处理或改正重印，方可继续在市场上销售。如发现已定为不合格的图书在相应的通报或处罚决定发布三个月后仍在市场上销售，由出版行政部门对出版社进行经济处罚，除没收销售该书所得外，还要视情节轻重处以罚款。

3. 连续两年造成图书不合格的责任者，其年终考核应定为不称职；不称职的人员，不能按正常晋升年限晋升专业技术职务和工资；连续三年造成图书不合格的责任者，不能继续从事该岗位的工作。

附：

图书质量管理规定

第一条 为建立健全图书质量管理机制，规范图书出版秩序，促进图书出版业的繁荣和发展，保护消费者的合法权益，根据《中华人民共和国产品质量法》和国务院《出版管理条例》，制定本规定。

第二条 本规定适用于依法设立的图书出版单位出版的图书的质量管理。

出版时间超过10年且无再版或者重印的图书，不适用本规定。

第三条 图书质量包括内容、编校、设计、印制4项，分为合格、不合格2个等级。

内容、编校、设计、印制4项均合格的图书，其质量属合格。内容、编校、设计、印制4项中有1项不合格的图书，其质量属不合格。

第四条 符合《出版管理条例》第二十六、二十七条规定的图书，其内容质量属合格。

不符合《出版管理条例》第二十六、二十七条规定的图书，其内容质量属不合格。

第五条 差错率不超过1/10000的图书，其编校质量属合格。

差错率超过1/10000的图书，其编校质量属不合格。

图书编校质量差错的判定以国家正式颁布的法律法规、国家标准和相关行业制定的行业标准为依据。图书编校质量差错率的计算按照本规定附件《图书编校质量差错率计算方法》执行。

第六条　图书的整体设计和封面（包括封一、封二、封三、封底、勒口、护封、封套、书脊）、扉页、插图等设计均符合国家有关技术标准和规定，其设计质量属合格。

图书的整体设计和封面（包括封一、封二、封三、封底、勒口、护封、封套、书脊）、扉页、插图等设计中有1项不符合国家有关技术标准和规定的，其设计质量属不合格。

第七条　符合中华人民共和国出版行业标准《印刷产品质量评价和分等导则》（CY/T 2-1999）规定的图书，其印制质量属合格。

不符合中华人民共和国出版行业标准《印刷产品质量评价和分等导则》（CY/T 2-1999）规定的图书，其印制质量属不合格。

第八条　新闻出版总署负责全国图书质量管理工作，依照本规定实施图书质量检查，并向社会及时公布检查结果。

第九条　各省、自治区、直辖市新闻出版行政部门负责本行政区域内的图书质量管理工作，依照本规定实施图书质量检查，并向社会及时公布检查结果。

第十条　图书出版单位的主办单位和主管机关应当履行其主办、主管职能，尽其责任，协助新闻出版行政部门实施图书质量管理，对不合格图书提出处理意见。

第十一条　图书出版单位应当设立图书质量管理机构，制定图书质量管理制度，保证图书质量合格。

第十二条　新闻出版行政部门对图书质量实施的检查包

括：图书的正文、封面（包括封一、封二、封三、封底、勒口、护封、封套、书脊）、扉页、版权页、前言（或序）、后记（或跋）、目录、插图及其文字说明等。正文部分的抽查必须内容（或页码）连续且不少于10万字，全书字数不足10万字的必须检查全书。

第十三条 新闻出版行政部门实施图书质量检查，须将审读记录和检查结果书面通知出版单位。出版单位如有异议，可以在接到通知后15日内提出申辩意见，请求复检。对复检结论仍有异议的，可以向上一级新闻出版行政部门请求裁定。

第十四条 对在图书质量检查中被认定为成绩突出的出版单位和个人，新闻出版行政部门给予表扬或者奖励。

第十五条 对图书内容违反《出版管理条例》第二十六、二十七条规定的，根据《出版管理条例》第五十六条实施处罚。

第十六条 对出版编校质量不合格图书的出版单位，由省级以上新闻出版行政部门予以警告，可以根据情节并处3万元以下罚款。

第十七条 经检查属编校质量不合格的图书，差错率在1/10000以上5/10000以下的，出版单位必须自检查结果公布之日起30天内全部收回，改正重印后可以继续发行；差错率在5/10000以上的，出版单位必须自检查结果公布之日起30天内全部收回。

出版单位违反本规定继续发行编校质量不合格图书的，由省级以上新闻出版行政部门按照《中华人民共和国产品质量法》第五十条的规定处理。

第十八条 对于印制质量不合格的图书，出版单位必须及

131

时予以收回、调换。

出版单位违反本规定继续发行印制质量不合格图书的，由省级以上新闻出版行政部门按照《中华人民共和国产品质量法》第五十条的规定处理。

第十九条 1年内造成3种以上图书不合格或者连续2年造成图书不合格的直接责任者，由省、自治区、直辖市新闻出版行政部门注销其出版专业技术人员职业资格，3年之内不得从事出版编辑工作。

第二十条 本规定自2005年3月1日起实施。新闻出版总署于1997年3月3日公布的《图书质量管理规定》同时停止执行。

附件：

图书编校质量差错率计算方法

一、图书编校差错率

图书编校差错率，是指一本图书的编校差错数占全书总字数的比率，用万分比表示。实际鉴定时，可以依据抽查结果对全书进行认定。如检查的总字数为10万，检查后发现2个差错，则其差错率为0.2/10000。

二、图书总字数的计算方法

图书总字数的计算方法，一律以该书的版面字数为准，即：总字数=每行字数×每面行数×总面数。

1. 除环衬等空白面不计字数外，凡连续编排页码的正文、目录、辅文等，不论是否排字，均按一面满版计算字数。分栏排版的图书，各栏之间的空白也计算版面字数。

2. 书眉（或中缝）和单排的页码、边码作为行数或每行字数计入正文，一并计算字数。

3. 索引、附录等字号有变化时，分别按实际版面计算字数。

4. 用小号字排版的脚注文字超过 5 行不足 10 行的，该面按正文满版字数加 15%计算；超过 10 行的，该面按注文满版计算字数。对小号字排版的夹注文字，可采用折合行数的方法，比照脚注文字进行计算。

5. 封一、封二、封三、封底、护封、封套、扉页，除空白面不计以外，每面按正文满版字数的 50%计算；版权页、书脊、有文字的勒口，各按正文的一面满版计算。

6. 正文中的插图、表格，按正文的版面字数计算；插图占一面的，按正文满版字数的 20%计算字数。

7. 以图片为主的图书，有文字说明的版面，按满版字数的 50%计算；没有文字说明的版面，按满版字数的 20%计算。

8. 乐谱类图书、地图类图书，按满版字数全额计算。

9. 外文图书、少数民族文字图书，拼音图书的拼音部分，以对应字号的中文满版字数加 30%计算。

三、图书编校差错的计算方法

1. 文字差错的计算标准

（1）封底、勒口、版权页、正文、目录、出版说明（或凡例）、前言（或序）、后记（或跋）、注释、索引、图表、附录、参考文献等中的一般性错字、别字、多字、漏字、倒字，每处计 1 个差错。前后颠倒字，可以用一个校对符号改正的，每处计1个差错。书眉（或中缝）中的差错，每处计1个差错；同样性质的差错重复出现，全书按一面差错基数加1倍计算。阿拉伯数字、罗马数字差错，无论几位数，都计1个差错。

（2）同一错字重复出现，每面计1个差错，全书最多计4个差错。每处多、漏2~5个字，计2个差错，5个字以上计4个差错。

（3）封一、扉页上的文字差错，每处计2个差错；相关文字不一致，有一项计1个差错。

（4）知识性、逻辑性、语法性差错，每处计2个差错。

（5）外文、少数民族文字、国际音标，以一个单词为单位，无论其中几处有错，计1个差错。汉语拼音不符合《汉语拼音方案》和《汉语拼音正词法基本规则》(GB/T 16159–1996) 规定的，以一个对应的汉字或词组为单位，计1个差错。

（6）字母大小写和正斜体、黑白体误用，不同文种字母混用的（如把英文字母N错为俄文字母И），字母与其他符号混用的（如把汉字的O错为英文字母O），每处计0.5个差错；同一差错在全书超过3处，计1.5个差错。

（7）简化字、繁体字混用，每处计0.5个差错；同一差错在全书超过3处，计1.5个差错。

（8）工具书的科技条目、科技类教材、学习辅导书和其他科技图书，使用计量单位不符合国家标准《量和单位》(GB 310031021993) 的中文名称的、使用科技术语不符合全国科学技术名词审定委员会公布的规范词的，每处计1个差错；同一差错多次出现，每面只计1个差错，同一错误全书最多计3个差错。

(9)阿拉伯数字与汉语数字用法不符合《出版物上数字用法的规定》(GB/T158351995) 的,每处计 0.1 个差错。全书最多计 1 个差错。

2. 标点符号和其他符号差错的计算标准

(1)标点符号的一般错用、漏用、多用,每处计 0.1 个差错。

(2)小数点误为中圆点,或中圆点误为小数点的,以及冒号误为比号,或比号误为冒号的,每处计 0.1 个差错。专名线、着重点的错位、多、漏,每处计 0.1 个差错。

(3)破折号误为一字线、半字线,每处计 0.1 个差错。标点符号误在行首、行末的,每处计 0.1 个差错。

(4)外文复合词、外文单词按音节转行,漏排连接号的,每处计 0.1 个差错;同样差错在每面超过 3 个,计 0.3 个差错,全书最多计 1 个差错。

(5)法定计量单位符号、科学技术各学科中的科学符号、乐谱符号等差错,每处计 0.5 个差错;同样差错同一面内不重复计算,全书最多计 1.5 个差错。

(6)图序、表序、公式序等标注差错,每处计 0.1 个差错;全书超过 3 处,计 1 个差错。

3. 格式差错的计算标准

(1)影响文意、不合版式要求的另页、另面、另段、另行、接排、空行,需要空行、空格而未空的,每处计 0.1 个差错。

(2)字体错、字号错或字体、字号同时错,每处计 0.1 个差错;同一面内不重复计算,全书最多计 1 个差错。

(3)同一面上几个同级标题的位置、转行格式不统一且影响理解的,计 0.1 个差错;需要空格而未空格的,每处计 0.1

个差错。

(4)阿拉伯数字、外文缩写词转行的,外文单词未按音节转行的,每处计 0.1 个差错。

(5)图、表的位置错,每处计 1 个差错。图、表的内容与说明文字不符,每处计 2 个差错。

(6)书眉单双页位置互错,每处计 0.1 个差错,全书最多计 1 个差错。

(7)正文注码与注文注码不符,每处计 0.1 个差错。

第十章 图书的编辑与校对

一、编稿技巧

有的编辑认为,编稿无技巧可言,不管三七二十一,抓起稿件就编。编了很多才发现稿件根本就不能采用,或者把该保留的内容给删掉了,结果前功尽弃或事倍功半。因此,要讲究编稿的技巧。

(一)快速通读,确定主题

通读的目的是通过了解稿件的大意,看稿件能不能发,是不是发过;看稿件哪些地方需要大砍大杀,进行大的调整,哪些地方只需小削小补。

通读时对稿件的标题、开头、结尾必须放慢速度浏览,准确了解稿件的内容。其余的地方可以加快速度,根据整体结构或情节发现需要大砍大杀的地方。

(二)搭建雏形,完善框架

社科类稿件对稿件进行整体规划主要是从内容结构上进行编排,详略得当。对文学类稿件进行整体处理:一是砍掉不必要的情节,使节奏紧凑;二是砍掉多余的对话,给读者留白想象;三是建议作者补充薄弱的内容。

(三)精雕细琢,保证质量

对稿件进行了通读和初步修改后,要按照图书编校质量的编辑加工标准进行精细加工。主要注意的有以下方面:一是有无错别字和生僻字词;二是固定词组有没有用错或被篡改;三是注意词句的简写是否恰当;四是有无病句,句子与句子之间,段落与段落之间的内在联系是否合逻辑;五是计量单位是否符合法定要求。

(四)精制书名和标题

图书首先吸引读者的是书名和内文的标题。因此,制作出吸引人的标题是编辑工作的一个重要环节。书名和标题的设计要让人一见倾心、一语破的,不一定"短而精",但一定要有意境,朗朗上口,能抓住读者心理,给读者以新意和兴趣。在市场化的今天,编辑的功夫也体现在书名和内文的标题制作上,书名和内文的标题制作好了,能吸引读者,对图书的销售起到至关重要的作用。

(五)讲究装帧设计

在书店里要一眼吸引到读者,除了在书名上吸引读者,第一印象主要还是装帧设计。编辑在编辑过程中一定要把握书稿的内容,思考图书的思想定位和读者定位,给美术设计人员提出自己的设计要求,并给设计人员提供目录和一定的文字内容,让设计人员先阅读、构思,查阅相关信息,包括同类图书的设计风格。询问同事印刷厂的印刷工艺、装订效果、纸张材料能否体现设计意图,最后修改设计定稿。

(六)仔细通读

这是编辑对一部稿件最后的把关,要逐字逐句通读标题、标点在内的全文，包括版式设计，减少或消灭差错，美化图书效果。

二、版式设计

(一)版式设计的艺术性

对美术设计编辑来说，从专业角度要讲比例与尺度、对比预调和、对称与均衡、节奏与韵律、变化与统一。但是，对于作为图书编辑来讲，这些都很抽象，或者说无从下手。图书编辑主要从以下几个方面提出自己对版式设计的建议和要求。

1. 图书的分类。

图书是社科类还是文学类，是少儿读物还是中老年读物。这决定了图书的整体设计风格。

2. 图书的表现形式。

图书的写作形式也决定了图书的版式设计风格。比如古体诗与现代诗，纯文字与图文本的设计，等等。

3. 读者的细分。

读者的年龄、学历、社会地位等等因素，都对版式设计有一定的影响。不同的读者群，其审美有很大的差异。

编辑一方面要根据以上几点提出设计要求，另一方面也要选择设计风格也要选择适应的设计人员。

(二)文字的版式设计

1. 正文文字版式设计。

正文文字的版式设计包括对主体文字、标题、引文排式的设计。

(1)主体文字排式设计。主体文字有横排和直排两种基本排式类型。横排又有单栏、双栏、多栏（三栏及以上）等排式。

（2）标题排式设计。标题的排式设计除选择字级、字体外，还包括对标题的位置、字空、占行、转行等的设计。

标题的字级、字体，必须依据图书类别、开本、标题等级，遵循字级大小有序、字体轻重相间的原则来选择。

标题的位置有居左、居右和居中三种样式。标题位置的设计，必须依据图书开本大小、标题文字多少及版面整体布局等实际状况。

标题文字行长如超过主体文字行长的 4/5，要实施标题转行的技术处理。标题转行有转行顶头、转行齐肩和转行居中三种形式。无论何种转行方式，都必须严格遵守不损文意的原则，即标题转行不能割裂词义，虚词不能转为下一行的第一字。

（3）引文排式设计。图书中的引文一般有两种：一种是短句，一般选用与主体文字相同的排式；另一种是大段文字，为了区别于主体文字，选择与主体文字不同的字体，一般另段起排，单独成段，同时可将每行行头缩进两格或将行头、行尾均缩进两格，使引文更为清晰。

（4）注文排式设计。注文是图书中的注释性文字，按其所处位置，分为主体文字之中的夹注、处于段与段之间的段后注、处于每一版面地脚处的脚注（也称"页下注"）、处于每章章末的章后注、处于每篇文章结尾的篇后注、处于全书最后的书后注等。

（5）表格排式设计。表格的排式有直式、横式与和合式三种。横式表的起排位置，在单码面上应靠订口，在双码面上靠翻口。和合表的起排位置，应靠双码面的翻口。表格设计也有多种样式。

2. 目录排式设计。

目录的排式设计与正文有所区别，版心、字体、字号都可以不同于正文。

目录中的标题应按实际需要而定，一般不超过三级。目录中标题与页码的位置并不固定。一般标题文字居左、页码居右、标题与页码之间用连续三连点（注意不是省略号）的为多。

3. 序言和后记等的排式设计。

序言和后记等的排式设计也不同于正文。它们的字级、字体、版心规格可以与正文相同，也可以与正文不同。

4. 附录排式设计。

附录的字级一般小于正文，如果附录中的文字性质或重要性与正文相同，字级可同正文。

（三）书眉排式设计

书眉文字的位置一般在书的天头，通常有居中和偏外侧两种，现在也有许多将书眉放在左右切口空白处的。书眉文字过多的，可作适当删节，但全书必须一致。

（四）页码排式设计

页码位置大多设在地脚的外侧；开本较大、地脚空白大的，可设计在地脚居中位置；也有设在天头和左右切口外侧的。

（五）图片处理

用于图书制作的图片，幅面大小各异，难以直接符合版式设计和制作的要求。因此，必须根据设计要求，对图片作必要的技术处理。

一是图片规格。图片规格根据图书开本、版面布局及图片表现力等因素有不同的设计要求。

二是图片规格的技术处理。主要是对原图片进行必要的放缩，或进行必要裁切后的放缩。

(九)图片排式及图文合成

1. 图片在版面上的位置。

某些图片在版面上的位置可以突破版心，甚至超出版面，以形成特别的版式效果。图片在版面上的位置突破版心的，称为"超版心"；超出版面的，则为"超版面"，俗称"出血"。

2. 图片排式及设定。

图片排式有直式、横式与和合式三种。

3. 图文合成。

图文的合成大体有三种样式。

(1)以图为主，文字起辅助的作用。在这类版式中，图是主体，文字是图的说明，故称"图注文字"。

(2)图文并重。这类版式中的图与文，不能违反须在同一面（包括和合面）上合成的原则。

(3)以文为主，图起辅助的作用。合成的原则是"图随文走"。

无论何种图文合成样式，都必须做到既突出图书的内容结构，又体现版式设计创意的审美效果。

三、校对

(一)校对的概念

校对，是根据原稿核对校样，订正差错，提出疑问，以保证出版物质量的工作。此外,"校对"一词也指从事校对工作的专业人员和出版专业技术职务系列之一。

(二)校对的功能

校对的功能是两个:一是校异同,二是校是非。这是清代文字学家段玉裁首先提出来的,现在已成为校对界的共识。

1. 校异同。

这是指以原稿为标准来核对校样,分辨二者的异同,同则通过,异则以原稿为准对校样进行订正。校异同又称作"机械校""死校"。这是校对的基本功能。

2. 校是非。

这是指校对者凭借自身积累的知识或其他权威的工具书、资料来判断原稿中的是非。校是非又称作"活校"。其目的在于弥补作者的疏漏和编辑加工的不足,进一步提高图书的质量。

校对工作者在校对过程中,既要校异同,又要校是非,两者不能偏废。

(三)校对基本操作工序

校对工作的基本操作工序,包括初校、二校、三校、通读、誊样、核红、文字技术整理等各个环节。

在通常情况下,校对的基本流程模式有四种。

1. 连校模式。

初校(+作者自校)→二校→三校→誊样(+技术整理)→退厂改样→核红→通读+技术整理→退厂改样→清样核红→付印。

2. 分校模式。

初校(+作者自校)→二校→誊样(+技术整理)→退厂

改样→核红→三校→通读+技术整理→退厂改样→清样核红→付印。

3. 校对通读连续模式。

初校（+作者自校）→二校→三校→通读→誊样+技术整理→退厂改样→清样核红→付印。

4. 人机结合校对模式。

利用黑马软件、权威网站等进行校对。

(四)各校次校对员职责

按照"三校一读"制度，各校次校对员分别承担以下职责。

1. 初校职责。

初校次校对员要依据原稿核对校样，在排版单位毛校质量已经达到规定标准（中国印刷公司提出的行业标准规定允许差错率为1/1000）的前提下，做到灭错率（即本校次所消灭的差错与实际差错数之比率）为85%或留错率（即本校次遗留差错数与所校字数之比率）在规定值（一般在1/5000上下）之内。

2. 二校职责。

二校次校对员要依据原稿核对校样，继续消灭初校遗留的错误，并核对初校所改之处是否正确，做到灭错率为80%或留错率在规定值（一般在1/15000上下）之内。

3. 三校职责。

三校次校对员要依据原稿核对校样，完成前述第一个基本职责中的各项任务，消灭初、二校遗留的错误，做到留错率在规定值（一般在1/45000上下）之内。

4. 通读职责。

通读是校对过程中的最后一道校次，校对员需脱离原稿阅读、检查校样，必要时核对原稿，完成第一个基本职责的全部任务，并努力完成第二个基本职责的任务。通读时要消灭校对过程中所遗留的所有错误，尤其要注意隐性的政治性、思想性差错以及病句与其他语法错误，还要注意人名、地名、书刊名、组织机构名等的前后统一。通读对全书的编校质量具有举足轻重的作用，必须认真对以上问题进行检查，并保证全书格式统一、图表与文注相符。

在市场经济下，一些出版社编辑和校对的功能逐渐合一，所以，编辑人员和校对人员的职责和能力要求也在合一，但是，编辑和校对的要求和工序却丝毫不能马虎。

四、图书的常见差错

图书的常见差错在中国出版工作者协会校对研究委员会制订的《图书编校质量差错认定细则》里有详细的列举和说明。下面简单地归纳几条。

(一)内容差错

原稿和校样中内容方面的差错多种多样，这里仅简略地讲一下由文字上的差错所导致的内容差错。某些词语的用字或者形似，或者音同，或者用字相同而次序不同，用错字或者颠倒字的次序或者漏字、衍字，都会造成内容上的差错。譬如，"议会"错成"会议"，这是知识性的差错；"宁夏吴忠"错成"宁夏五中"，这是事实性的差错。

(二)汉字差错

汉字差错主要包括错字、别字、多字、漏字、颠倒字、简化字、异体字和繁体字使用不当等。

1. 错字。

这是笔画、结构写得不正确的字,又称"破体字"。常见的有三种类型:增加笔画、减少笔画、错误简化部件。

2. 别字。

常见的别字有五种类型:音同形似、音同形不同、音近形似、音近形不同、形似音不同。

3. 多字。

这是指一个词语中多出了一字,如"口传艺术"错成"口头传艺术"。

4. 漏字。

这是指一个词语中漏掉了一字,如"八面来风"错成"八面风"。

5. 错分字。

这是指一个字分成了两个字,如"姓"错分为"女生"。

6. 错合字。

这是指两个字合成了一个字,如"人本"错成"体"。

7. 颠倒字。

这是指两字次序颠倒,如"安西"误为"西安"。

8. 错简与错繁。

(1)错简。

1986年10月重新发表的《简化字总表》收入的简化字才是规范简化字,使用1986年废止的简化字以及自造的简化字都属于"错简"。如将"瞭望"错成"了望"。

（2）错繁。

将那些古代就有、现在作为简化字的传承字也全都想当然地改成所谓的繁体字，如将"皇后"写作"皇後"；

因不了解简化字与繁体字之间常常存在"一简对多繁"的关系，在繁体字中转换出现错误。如将"收获"转为"收獲"。

（三）常见词语差错

词语差错在原稿和校样中也经常可以见到，主要有常用异形词差错、误用词语、误用成语、语法不合规范等类型。

1. 常用异形词差错。

书面语中并存并用的同音、同义而书写形式不同的语词，称为"异形词"。编辑要掌握中华人民共和国教育部、国家语言文字工作委员会发布有《第一批异形词整理表》，新闻出版总署2004年批准试用的《264组异形词整理表》以及上述两类之外其他一些社会上的约定合成的词形，不得使用淘汰词形。

2. 误用词语。

（1）音相同或相近，但意义不同的词语被互相替代使用。如"报名日期于8月15日截至（止）"，"当事人双方有对等的权力（利）与义务"。（括号内为正确字）

（2）概念意义相同，但修辞色彩区别很大的词语被不当地互换使用甚至褒贬错位。如"这台节目杂七杂八，观众看得非常兴奋。""这群人穿着异彩纷呈，一看都不是正规保安人员。"

（3）因含义接近而混淆错用。如反映、反应。

3. 误用成语。

因不了解成语含义、典故，或误解字义等。如写成"渊

（源）远流长"、"意气奋（风）发"、"昨（明）日黄花""一诺千斤（金）"等，便是误用成语。

(四)语法差错

病句是原稿、校样中常见的语法差错，其类型大致可以分为成分残缺、结构混乱、指代不明、搭配不当、不合事理、词性误用、句式误用，等等。此外，常见的还有虚词使用不当、"的""地""得"的混用。

(五)标点符号差错

正确使用标点符号，可以帮助读者分清结构，辨明语气，正确地了解文意。

常见的标点符号差错有：一逗到底；长句无逗；顿逗不分；错加顿号（如相邻的数字连用表示一个概数却用顿号隔开）；两个分号之间夹杂句号；引文末尾标点位置混乱；省略号与"等"、"等等"并用；书名号使用范围扩大化，如对商品、商标、课程、证件、单位、组织、奖项、活动、展览、集会、称号等也用书名号。

此外，有些外观只有微小差别的符号，如分号与冒号，比号（居中）与冒号（居下），中圆点（居中）与小数点（居下），连接号（包括外文的连词符号）与下划线，大于号、小于号与单书名号，也常常容易混淆。中文中的破折号（二字线）容易在中间断开而变成两个连接号，或者只有一个字的宽度。中外文混排的书刊，往往容易存在中文的句号（。）、省略号（……）与外文的句号（.）、省略号（...）混用的情况。

(六)逻辑错误

常见逻辑错误主要有论证错误、推理错误、概念错误、判断错误等。编辑必须认真推敲。

(七)数字用法错误

图书编辑中,常见的数字用法错误很多,编辑要掌握出版物上数字用法的一般原则,汉字数字大小写形式、中国清代和清代以前历史纪年应使用汉字数字等。

编辑要严格执行《出版物上数字用法》(GB/T 15835-2011)的规定,但这个规定不适用于文艺类出版物和重排古籍。

(八)版权页等差错

与 CIP 数据不符,或者出现遗漏,比如漏"出版者名"、漏"出版责任人记录"。

第十一章　出版物的成本和付酬方式

一、出版物成本

(一)总体构成

出版物的全部成本由直接成本、间接成本和期间费用构成,如图一所示:

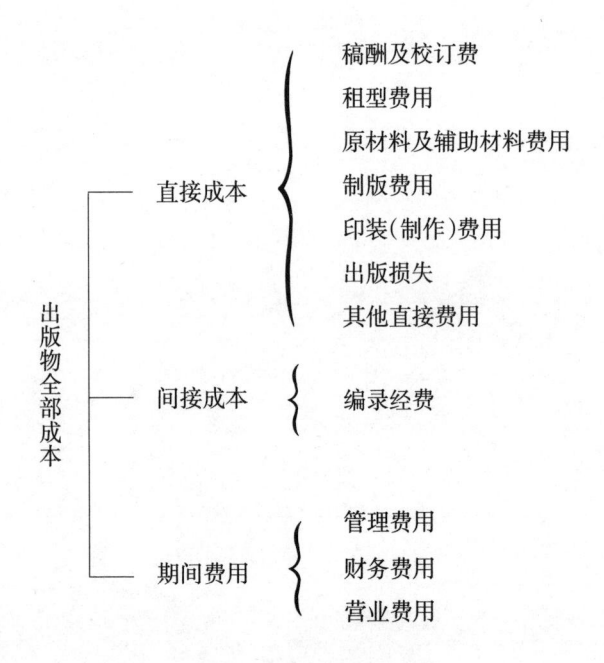

```
                          ┌ 稿酬及校订费
                          │ 租型费用
                          │ 原材料及辅助材料费用
                  直接成本 ┤ 制版费用
                          │ 印装(制作)费用
                          │ 出版损失
出版物全部成本            └ 其他直接费用
                  间接成本 { 编录经费
                          ┌ 管理费用
                  期间费用 ┤ 财务费用
                          └ 营业费用
```

图一　出版物全部成本

第十一章 出版物的成本和付酬方式

明确出版物的全部成本，有利于编辑策划图书选题时预算成本与利润。

管理费用是指出版单位行政管理部门为组织和管理生产经营活动而发生的各种费用。包括行政管理部门人员的工资和工资性支出、办公费，由出版单位统一负担的职工福利费、劳动保护费、社会统筹费、工会经费，会议费、图书资料费、差旅费，固定资产折旧费、财产保险费，提取的出版单位资产损失准备、相关税金（主要是以财产税为主的房产税、车船使用税、土地增值税、印花税等）、诉讼费、无形资产摊销、等等。

财务费用是指出版单位为筹集生产经营所需资金而发生的费用。包括为贷款、发行债券等资金筹措活动而支出的利息，外汇业务的汇兑损失，支付给金融机构的手续费，等等。

营业费用又称"销售费用"，是指出版单位为出版物发行过程中各种活动支付的费用。如发行部门人员的工资、工资性支出、办公费，发行部门的会议费、业务招待费、差旅费、固定资产折旧费，宣传推广费、展览费，包装费、运杂费、仓储费和呆滞损失，等等。

（二）变动成本

1. 版税与印数稿酬。

版税的支付一般以发行数为依据定期结算，印数稿酬的支付是按基本稿酬的一定比例根据生产量计算；以千册为单位，不足 1000 册按 1000 册计算。

2. 租型费用。

出版单位从其他出版单位租入型版自己印制、发行出版物，须按出版物定价的一定比例向出租单位支付专有出版权再许可版权使用费,发行数量越多,付费也越多。

3. 原材料和辅助材料费用。

出版物所用纸张、装帧材料费用随生产量的变化而变化。

4. 印装费用。

出版单位委托加工企业印装出版物而支付的加工费用,其数量也随生产量的增减而增减。纸质出版物生产中的这项费用包含印刷费和装订费。

(三)固定成本

1. 相对固定的稿酬。

2. 制版费用。

3. 其他直接费用。出版物的前期策划费用和编辑加工费用等。

(四)变动成本和固定成本的特性

区分变动成本和固定成本的标准,是其能否随产量的变动而变动。

1. 变动成本随生产量的增加或减少而相应地随之增加或减少,并且在一定范围内呈正比例变化。

2. 固定成本在一定时期、一定范围内不受生产量变动的影响。图二以图书排版费为例展示了固定成本与生产量的关系。

3. 单位变动成本和单位固定成本的特点则呈现另外一种情况。图二、图三都较直观地展示了这些特性。

掌握了变动成本和固定成本的特性,有利于编辑在图书策划和生产中预测图书的定价、印数、利润。

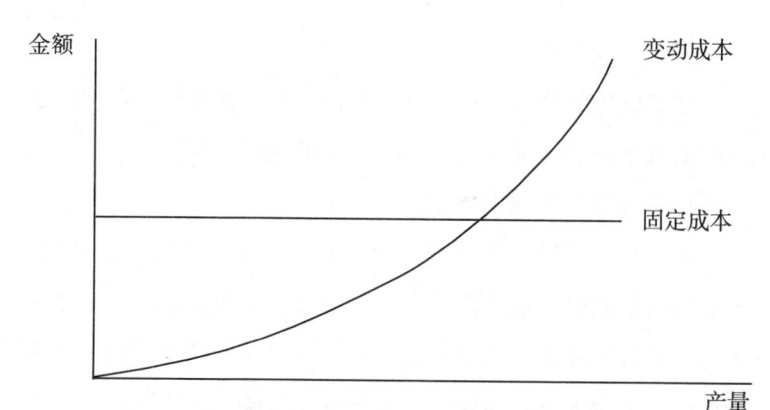

图二 变动成本和固定成本在总成本中的变化趋势

图二中：变动的曲线是变动成本，相对不变的直线是固定成本。变动成本在出版物成本总额中随产量的增减而升降，它是构成出版物成本总额增长的主要因素。

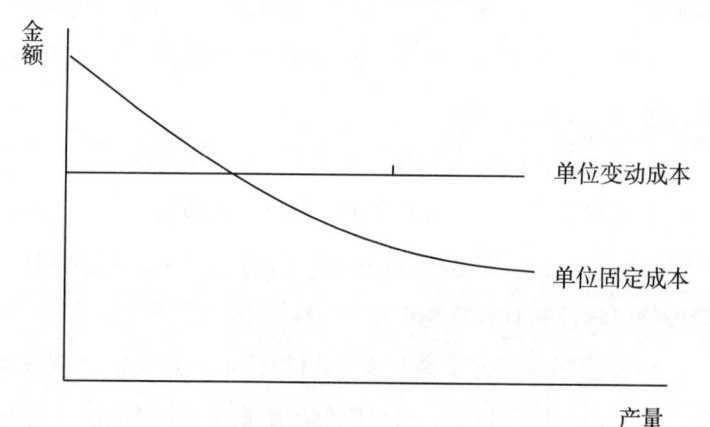

图三 单位变动成本和单位固定成本的变化趋势

图三中：变动的曲线是固定成本，稳定不变的直线是变动成本。从图中可见，在产量变化时，单位变动成本基本保持不变，单位固定成本则随产量的增长而不断下降，而当其低于变动成本后，下降量趋缓，但不会为零。

(五)出版物的成本控制

在市场化的今天，控制成本是获得更大利润空间必须重视的一个重要环节。编辑应从哪些方面来控制成本呢？

1. 选题策划的成本控制。

成本控制是从选题市场调研、信息收集开始的。最经济、全面的市场调研，最节俭的会议费用和差旅费控制，无疑能降低这个阶段的成本。出版单位万万不可为节省成本而减少或禁止编辑外出参加学术会议、培训会议、书展等。这样做无异于涸泽而渔，使编辑失去创新源泉，失去信息来源，丧失作者资源。参加学术会议、书展是编辑认识作者、交流思想最直接、最集中、最方便的方式，从某种意义上来说，也是最经济的一种形式。

当然，选题策划方案的完备、内容的明确化、时间进度的紧凑等有利于成本控制。

2. 编辑工作的成本控制。

组稿时找准作者，审稿和加工整理中审慎从事，发稿保证"齐、清、定"，从而尽量避免废稿、重印等损失，对加强这一阶段的成本控制有着重要作用。

在装帧制作工艺上要尽量选用新技术、新工艺，减少浪费，同时避免过度包装，这也降低出版物直接成本的重要手段之一。

3. 纸张的成本控制。

纸张费用在纸质出版物的成本中占有较大比重，纸张的合理使用和管理是成本控制的重点。一是合理选择纸张开本和克数；二是根据印刷工艺要求精确计算，合理开切，减少边角余料,提高纸张利用率;三是排版时注意印张不要散乱,尽可能排为整印张;四是科学、合理地计算纸张加放率,减少出残率。

4. 稿酬与印刷的成本控制。

科学预测市场,签订合理稿酬标准,确定积压量最少、印刷成本最低的印数。在印刷时,能用专色的不用彩色,能用双色的不用四色;可以使用全张纸印刷机的,就不使用对开印刷机,以减少印刷工价的加价;合理安排印件尺寸,减少纸张零边出现;巧妙安排插页位置及印张数,以减少装订费用;一些印量少、开本相同的出版物,印刷封面可采用几种图书的封面放在一起套印的方式降低成本;等等。

二、图书的定价

(一)图书的定价目标

定价目标是出版单位制定定价策略的依据和出发点。出版单位的定价目标主要有以下几种。

1. 销售目标。

这类定价一般是图书的读者市场潜力巨大,具有畅销书的潜质。一般以低价来占领市场,以产品预测的巨大销售量作为定价的依据。

2. 品牌目标。

品牌既有出版物的品牌,也有出版单位的品牌,还有出版物定价的品牌。各出版单位依据各自的情况,怎样定价有利于树立名牌,就尽量采用怎样的价格。

3. 利润目标。

这种定价目标以获取利润多少作为定价目标,是市场经济下定价的最终目标。除了以上两种定价目标外,一般图书应该采取适中定价,以赢得读者购买,从而获取一般利润或保本微利。

(二)目成本费用测算

编辑要提高经济效益,必须预先掌握成本费用支出的情况。

1. 在已知单位销售收入、单位销售税金、目标利润、固定成本总额、生产数量的情况下,测算单位变动成本。

单位变动成本=单位销售收入-单位销售税金-

$$\frac{固定成本总额+利润}{生产数量}$$

2. 在已知单位销售收入、单位销售税金、目标利润、单位变动成本、生产数量的情况下,预测固定成本总额。

固定成本总额=(单位销售收入-单位销售税金-单位变动成本)×生产数量-利润

3. 策划预算法。就是编辑对要投入的作品,从稿酬、编校、审读、印制、设计、市场销售等各个方面进行详细的预算,预测成本和利润。

(三)图书定价法

1. 成本定价法。

成本定价法是以成本为基础来核定出版物价格的方法。

本量利分析的基本公式是:

利润=(单位销售收入-单位销售税金-单位变动成本)×销售数量-固定成本总额

$$定价 = \frac{\left(\dfrac{固定成本总额 + 利润}{销售总量} + 单位销售税金 + 单位变动成本\right)}{发行折扣率} \times (1 + 增值税率)$$

$$定价 = \frac{\left(\dfrac{固定成本总额 + 利润}{销售总量} + 单位变动成本\right)}{发行折扣率} \times [1 + 增值税率 \times (1 + 城市维护建设税率 + 教育费附加率)]$$

2. 印张定价法。

印张定价法的基本特点，是以一个印张作为定价标准来计算整册书刊的正文价格，再加上其他部件的价格后定出书刊的价格。印张定价法的计算公式是：

定价=正文印张价格标准×正文印张数+封面价格+插页1价格标准×插页1数量+插页2价格标准×插页2数量……+插页n价格标准×插页n数量

3. 需求差别定价法。

这种定价法也称"市场细分定价法"，是根据需求差异及紧迫程度的不同，为同一种出版物制定两种或更多种价格。需求差别定价法主要有以下三种形式：以出版物印次为基础的差别定价，以地域为基础的差别定价，以时间为基础的差别定价。

采用需求差别定价法，必须具备三个条件：一是市场能够细分，能明确区分需求的差异；二是在价格上获得优惠的那些机构或个人，没有转手销售给未得到优惠者的机会；三是不会因销售价格的不同而引起读者不满而失去读者。

4. 销售目标定价法。

就是以低价位占领市场。采用这种定价法主要是印数大，比如销售书或农家书屋采购书。

5. 品牌目标定价法。

这种图书定价，可以高定价，也可以低定价。比如一些高品质图书，针对所需的特殊群体可以高定价；利用低价形成品牌扩大销售。如：20世纪八九十年代上海文艺出版社推出的"五角丛书"，现在，光明日报社为促进全民阅读推出的"六角丛书"。

三、图书的付酬方式

支付报酬的具体方式和标准主要按照双方事先在合同中的约定执行，国家规定的支付报酬的方式和标准，可作为当事人双方协商时的参照。如出版单位未与著作权人签订书面合同，或虽签订了书面合同但因没有约定付酬方式和标准而与著作权人发生争议的，出版单位应按照国家规定的付酬标准（少数享受国家财政补贴或情况特殊的出版单位，经国家版权局特别批准，可适当下调付酬标准）的上限向著作权人支付报酬，不得以出版物抵作报酬。

国家版权局1999年4月5日颁布的《出版文字作品报酬规定》，对以纸介质出版文字作品的付酬方式和标准作了规定，2014年9月23日，对此作了进行修订，公布了《使用文字作品支付报酬办法》，该办法自2014年11月1日起施行。除著作权人与图书出版者另有约定外，出版图书的付酬方式一般可分以下三种。

（一）基本稿酬加印数稿酬

使用者按作品的字数，以千字为单位（不足千字部分按千

第十一章 出版物的成本和付酬方式

字计算)向著作权人支付一定的基本稿酬;再根据图书的印数,以千册为单位按基本稿酬的一定比例向著作权人支付印数稿酬。一般情况下,图书重印时只付印数稿酬,不再付基本稿酬。采用此种付酬方式的,著作权人可与出版者在合同中约定,在交付作品时由出版者预付总报酬的 30%~50%。除非合同另有约定,作品一经出版,出版者应在 6 个月内付清全部报酬。

原创作品为每千字 80~300 元,注释部分参照该标准执行。

演绎作品的稿酬标准为:改编作品为每千字 20~100 元,汇编作品为每千字 10~20 元,翻译作品为每千字 50~200 元。

翻译标准如果只是文言文译现代文还可以,如果是中文译为外文,显然太低。而且还要看外文是哪一语种,不同语种的翻译费标准也不一样。

(二)版税

采用版税方式支付报酬的,著作权人可以与使用者在合同中约定,在交付作品时或者签订合同时由使用者向著作权人预付首次实际印数或者最低保底发行数的版税。计算公式为:"图书定价×印数(实际销售数)×版税率"。当前主要采取版税方式付酬。作品发行后使用者应于每年年终与著作权人结算一次版税。首次发行不足千册的,按千册支付版税,但在下次结算版税时对已经支付的部分不再重复支付。

版税率标准为:原创作品为 3%~10%,演绎作品为 1%~7%。

当然,这个版税率因作品或作者的不同,可以另行商定。

(三)一次性付酬

指出版者按作品的质量、篇幅、经济价值等情况计算出报酬，并一次向作者付清。付酬的标准可参照基本稿酬的标准。

需要注意的是，出版演绎作品时，除合同另有约定或原作品已进入公有领域之外，出版者还应取得原作品著作权人的授权，并按原创作品的标准向原作品的著作权人支付报酬。

四、及时付酬的重要性

出版单位根据书稿的情况，与作者协商稿酬方式，无论采取哪一种付酬方式，只要与作者签订了合同，出版单位就必须履行合同，及时付酬。因为这也是出版单位的诚信度的重要表现，出版单位不能因任何原因拖欠作者的稿酬。拖欠稿酬伤害的不只是被拖欠的这一个作者，而是这个作者背后更多的作者群，最终使出版单位的作者资源受到损失。直接受到伤害的还有责任编辑的工作热情和社交活动积极性。因为被拖欠的作者一般会直接找到责任编辑要求付酬，而出版单位领导拒不签字，责任编辑也不可能将稿酬付给作者，那么，责任编辑的信任度降低不说，责任编辑在以后联系稿源和社交中与作者交往也会因以前的拖欠作者稿酬的难堪而使积极性和工作热情大打折扣。

及时付酬不仅能大大提高出版单位的诚信度，而且能提高责任编辑多方搜集信息，策划新选题的能力，增强工作的积极性，从而使出版单位的作者资源和编辑人员主观能动性达到理想状态。

第十二章　著作权和著作权贸易

为了实现中华文化"走出去",图书的市场必须紧盯国外,所以,编辑必须对著作权贸易有深入的认识。

一、著作权

（一）著作权概念及基本特征

亦称"版权",即法律赋予文学、艺术和科学作品创作者（也就是作者）的一种专有的民事权利。著作权具有以下基本特征。

1. 专有性。著作权为著作权人所独占,是著作权人拥有的一种专有性的民事权利,具有排他性和绝对性的特点,未经著作权人授权,任何人不得使用其作品,但法律另有规定的除外。

2. 时间性。著作权中的财产权和发表权仅在法律规定的期限内受到保护,超过法定保护期限的作品便进入公有领域,成为全社会的共同财富,供全人类共同使用。

3. 地域性。著作权在空间上受到地域的限制,只限于一国或者一个地区境内。在该地域之外是否有效,由国家（地区）之间的著作权有无相互保护关系来决定。

4. 复合性。著作权包含人身权和财产权两个方面的内容,著作权人不仅享有署名权等人身权,还有其作品被以各种方式使用或转让而获得报酬的财产权利。

(二)侵犯著作权行为及其对侵权行为的判断

侵犯著作权行为,从狭义上讲,是指未经著作权人授权或法律允许而擅自使用他人受著作权法保护的作品以及不支付作品使用费的行为。而从广义上讲,侵犯邻接权(如书刊出版者、节目表演者、录音录像制作者、广播者等依法享有的与传播作品有关的权利)的行为也属于侵犯著作权行为。

1. 侵权行为种类

著作权侵权行为可分为直接侵权行为、间接侵权行为和违约侵权行为三种。

(1)直接侵权行为。指未经作者或者其他著作权人同意,剽窃或者以改编、复制等各种形式使用他人受著作权法保护的作品而构成的侵权。

(2)间接侵权行为。指自觉或不自觉地为侵犯著作权的人实施了侵犯著作权的行为而构成的侵权。如协助他人销售盗版产品;为擅自使用他人剧本演出的表演团体提供演出场所等。

(3)违约侵权行为。指作品使用者未履行或者不当履行合同中有关著作权保护条款而构成的侵权。常见的违约侵权如出版合同规定有效期为六年,但合同期满后,出版者仍继续印制发行;作品使用者未按合同规定的金额、时间向著作权人支付著作权使用费等。但是,违约行为不一定都是侵犯著作权的行为,例如,合同中约定由出版社代为扣缴作者稿酬的个人所得税,但出版社未予办理,致使作者因漏税行为而受到税务部门的查处。出版社的这种违约行为,未侵犯作者的著作权,不能称为违约侵犯著作权行为。

2. 如何判断是否构成侵权

（1）被使用的作品是否属于著作权法规定保护的作品。如果使用的是我国著作权法第五条规定的具有立法、行政、司法性质的文件、时事新闻、历法、通用数表、通用表格等，或者是已经超过著作权保护期限的作品则不构成侵权。

（2）是否属于法律所允许的合理使用或法定许可的范围。有些行为表面上看似乎构成侵权，但是如果其具体情节符合法律所允许的合理使用或法定许可的条件，就不能视为侵权。例如，未经著作权人许可而以翻译的方法使用作品，一般来说是侵权行为，但如果只是个人为了提高自己的外语水平而对某作品进行翻译，并不用于营利，那么，即使未经著作权人许可，也不构成侵权。

（三）著作权法的适用范围

我国著作权法的立法依据是《中华人民共和国宪法》。著作权法是确认作者对其创作的文学、艺术和科学作品享有某些特殊权利，调整因创作、传播、使用作品而产生的各种法律关系的法律规范总和。

著作权法的适用范围不仅指地域的适用，还包括对主体与客体的适用。《中华人民共和国著作权法》（以下简称"我国著作权法"）第二条关于我国著作权法适用范围的规定采取了国际通行的做法，实行"国籍原则"、"互惠原则"和"地域原则"。

1. 国籍原则。

根据我国著作权法第二条第一款的规定，"中国公民、法人或其他组织的作品，不论是否发表"，受我国著作权法的保护。

2. 互惠原则。

根据我国著作权法第二条第二款规定，"外国人、无国籍人的作品根据其作者所属国或者经常居住地国同中国签订的协议或者共同参加的国际条约享有的著作权，受本法律保护"。我国分别与美国和菲律宾签订过有著作权保护内容的《中美贸易协定》和《中菲文化协定》；1992年10月，我国参加了《伯尔尼保护文学和艺术作品公约》（简称《伯尔尼公约》）和《世界版权公约》；1993年4月，我国参加了《保护录音制品制作者防止未经许可复制其录音制品公约》。我国作者的作品可以在一百多个国家受到著作权保护，同样，我国也要保护与我国有著作权相互保护关系的一百多个国家作者的作品。

两个国家如果没有签订双边协议或者没有共同参加某个国际公约，则不相互保护对方作者的著作权。

3. 地域原则。

这一原则体现在我国著作权法第二条第三款和第四款。第三款中的"首先在中国境内出版"，是指外国人、无国籍人的作品是在中国境内第一次出版；如已在中国境外出版过，然后再在中国境内出版，就不能称为"首先出版"。第四款中的"同时出版"不一定指同一天出版，作品在中国境外首先出版后，30日内在中国境内出版也为同时在中国境内出版。符合上述条件的作品，我国法律予以保护。

（四）受著作权法保护的客体

著作权的客体，是指"文学、艺术和科学领域内具有独创性并能以某种有形形式复制的智力成果"。它包含三层意思：

一是著作权法保护的对象仅限于文学、艺术和科学范围内的智力创作成果；二是作品必须具有独创性，即作品是由作者独立构思完成的；三是作品必须以一定的形式表现出来，并能以某种形式复制。

我国著作权法规定了以下九大类受著作权法保护的客体。

1. 文字作品。

2. 口述作品。

3. 音乐、戏剧、曲艺、舞蹈、杂技艺术作品。

4. 美术、建筑作品。

5. 摄影作品。

6. 电影作品和以类似摄制电影的方法创作的作品。

7. 工程设计图、产品设计图、地图、示意图等图形作品和模型作品。

8. 计算机软件。

9. 法律、行政法规规定的其他作品。

这是指不属于上述范围、需由法律或行政法规另行规定的作品。

(五)不受著作权法保护的作品及客体

不是所有的作品都可以受到著作权法的保护。根据我国著作权法第四条的规定，依法禁止出版、传播的作品不受著作权法保护，因为这一类作品违反国家法律、法规并损害公共利益。

根据我国著作权法第五条的规定，著作权法保护不适用于以下客体。

1. 法律、法规、国家机关的决议、决定、命令和其他具有立法、行政、司法性质的文件，及其官方正式译文。

2. 时事新闻。

这是指通过报纸、期刊、电台、电视台等媒体报道的纯事实消息。但是，根据时事新闻撰写的通讯、报道、综述、等文章享受著作权法保护。

3. 历法、通用数表、通用表格和公式。

我国著作权法第二十二条和二十三条对著作权还有一些权利的限制，这也是编辑必须了解的内容。

(六)侵权行为的表现形式

关于著作权侵权行为的表现形式，各国立法的表述方式不一。我国著作权法在第四十七条、第四十八条中列举了19类著作权侵权行为表现形式。

1. 未经著作权人许可而发表其作品。这类行为包括擅自发表他人作品和未按照与著作权人约定的方式、时间、地点发表其作品。如果擅自将他人未发表的作品交给某一出版社出版，不仅侵犯了作者的发表权（人身权），而且侵犯了作者的复制权、发行权等（财产权）。

2. 未经合作作者许可，将与他人合作创作的作品当作自己单独创作的作品发表。合作作品的著作权由合作作者共同享有，其中每一个人都无权单独行使合作作品的著作权。

合作作品如果是可以分割使用的，合作作者对各自创作的部分可以单独享有著作权并单独使用，但是，单独使用作品的这一部分时不得侵犯合作作品整体的著作权。

3. 没有参加创作，为谋取个人名利，在他人作品上署名。这里所说的"没有参加创作"，包括仅仅对他人的创作提供咨询意见、物质条件等情况。在认定这类侵权行为时，应注意行为人在主观上是否有"为谋取个人名利"的故意。在自己并未参与创作的作品上署名，以达到谋取个人名利的目的，是侵权行为；如果是作者本人主动要求他人在作品上署名，这就不构成侵权。

4. 歪曲、篡改他人作品。任何人不得随意修改，把自己的观点强加于人；不得随意增删，破坏作品的完整性。这类侵权行为主要发生在编辑身上：编辑对稿件进行加工整理时，未经作者同意而对作品进行大量增加或删改，使作品的原意受到了歪曲，破坏了作品的完整性。因此，编辑要对作品大量增删时，必须取得作者同意。

5. 剽窃他人作品。这很好认定，就是将他人创作的作品当作自己作品的行为。

6. 经著作权人许可，以展览、摄制电影或类似摄制电影的方法使用作品，或者以改编、翻译、注释等方式使用作品。我国著作权法另有规定的除外。

7. 使用他人作品，应当支付报酬而未支付。这类行为还包括未按合同约定的数额支付报酬、未按期支付报酬等。

8. 未经电影作品和以类似摄制电影的方法创作的作品、计算机软件、录音录像制品的著作权人或者与著作权有关的权利人许可，出租其作品或者录音录像制品。我国著作权法另有规定的除外。

9. 未经出版者许可，使用其出版的图书、期刊的版式设计。我国著作权法第三十六条第一款规定："出版者有权许可或者禁止他人使用其出版的图书、期刊的版式设计。"但保护期为十年。

10. 未经表演者许可，从现场直播或者公开传送其现场表演，或者录制其表演。

11. 其他侵犯著作权以及与著作权有关的权益的行为。凡是侵犯著作权以及与著作权有关权益的行为，行为人都要承担应有的法律责任。

12. 未经著作权人许可，复制、发行、表演、放映、广播、汇编、通过信息网络向公众传播其作品，即通常所说的盗版、盗播、盗映等严重侵犯著作权的行为。我国著作权法另有规定的除外。

13. 出版他人享有专有出版权的图书。出版者通过与著作权人签署图书出版合同约定享有的专有出版权，受到法律保护，其他人不得再出版该作品。

14. 未经表演者许可，复制、发行录有其表演的录音录像制品，或者通过信息网络向公众传播其表演。我国著作权法另有规定的除外。

15. 未经录音录像制作者许可，复制、发行、通过信息网络向公众传播其制作的录音录像制品。我国著作权法另有规定的除外。

16. 未经许可，播放或者复制广播、电视。我国著作权法另有规定的除外。

17. 未经著作权人或者与著作权有关的权利人许可，故意避开或者破坏权利人为其作品、录音录像制品等采取的保护著作权或者与著作权有关的权利的技术措施。法律、行政法规另有规定的除外。

18. 未经著作权人或者与著作权有关的权利人许可，故意删除或者改变作品、录音录像制品等的权利管理电子信息。法律、行政法规另有规定的除外。

19. 制作、出售假冒他人署名的作品。

(七)侵犯著作权应承担的民事责任

对于侵害著作权和与著作权有关权益的行为，我国著作权法第四十八条规定要求侵权人须承担的民事责任有：停止侵害、消除影响、赔礼道歉、赔偿损失等。

1. 停止侵害。

这是指侵权人应立即停止正在进行的侵权行为。责令侵权人承担这项责任，可以防止损害结果的发生或者扩大。

我国著作权法第五十条规定："著作权人或者与著作权有关的权利人有证据证明他人正在实施或者即将实施侵犯其权利的行为，如不及时制止将会使其合法权益受到难以弥补的损害的，可以在起诉前向人民法院申请采取责令停止有关行为和财产保全的措施。"

2. 消除影响。

侵权人应采取必要措施消除侵权行为所造成的社会公众对权利人或者其作品的不良印象，使社会对其评价恢复到受侵害前的状态。侵权人在多大范围内对受害人的名誉造成了损害，就要在多大范围内消除损害带来的影响。

3. 赔礼道歉。

这种方式可以在诉讼中当庭向被侵权人口头致歉；也可以和消除影响合并使用，如在报纸或其他媒体上刊登公开道歉声明。

4.赔偿损失。

侵权人有义务用自己的财产赔偿被侵权人所遭受的损失。例如,作者甲的著作由乙出版后被丙盗印销售,这一行为侵犯了甲的作品使用权和获得报酬权以及乙的专有出版权,影响了该图书的正常发行,给甲和乙都造成了一定的经济损失,丙应承担赔偿甲、乙经济损失的责任。

(八)侵犯著作权应承担的行政责任及刑事责任

我国著作权法第四十八条规定,行为人侵犯著作权或与著作权有关的权益且同时又损害了公共利益,可由著作权行政管理部门对侵权人进行行政处罚,主要方式有以下五点。

1.责令停止侵权行为。

2.没收违法所得。

3.没收、销毁侵权复制品。

4.处以罚款。根据《中华人民共和国著作权法实施条例》第三十六条的规定,可以处侵权人非法经营额三倍以下的罚款;非法经营额难以计算的,可以处十万元以下的罚款。

5.情节严重的,还可以没收主要用于制作侵权复制品的材料、工具、设备等。

行政处罚由地方人民政府版权局负责实施。在全国有重大影响的侵权行为,则由国家版权局负责实施行政处罚。

对于侵权行为构成犯罪的,则应依法追究刑事责任。

二、著作权贸易

(一)著作权贸易的含义

著作权贸易又称"版权贸易",涉及以著作权为标的的所有贸易活动。

著作权中的人身权利不能"买卖"转移,能够进行"贸易"而发生转移的只能是财产权利。从这个意义上说,"著作权贸易"这一术语的文字表达是不太确切和不够严谨的,只是一种约定俗成的说法。

(二)著作权贸易的特点

著作权贸易是一种以无形的知识产权为贸易客体的特殊的贸易行为,除了遵循对外贸易的一般准则外,与普通商品贸易相比,还具有下述特点。

1. 贸易客体不同。

普通商品贸易的客体是有形的商品,而著作权贸易的客体是无形的,是著作权中的某项权利。著作财产权依据使用作品的方式不同可以拆分成相应的出版权、翻译权、发行权、重印权、改编权等专项权利。按语种、按地区进一步拆分,如中国大陆地区的中文翻译出版发行权等。出版领域的著作权贸易经常涉及的是翻译权和重印权。编辑在签定合同时,要尽可能多的为自己争取以上权益。

2. 贸易方式不同。

普通商品贸易是实物的所有权的转移,通过有关商品的购买、运输和交割即可完成贸易。著作权贸易是无形的知识产权的转移,因发生转移的是著作权中财产权的所有权或使用权,有转让和许可使用等不同贸易方式,并且一般都有约定期限。非专有许可使用的同一客体的使用权可以同时"卖"给许多买家。著作权贸易一般由合同约定是否允许买家向第三方再次转让或转授有关权利,编辑必须在签定著作权贸易合同时特别留意这一点，尽量为自己争取这一权益。

3. 支付方式不同。

普通商品贸易中，货物的买卖价格是固定的，通常在货物交割后便要付清货款。但著作权贸易中可以一次性付清约定的固定金额，而现在更多的是以版税方式支付。

4. 权利期限不同。

财产权可一次性卖断，但著作权保护期限一旦届满，作品便进入了公有领域，都可以使用。

(三)国际著作权贸易的法律前提

依据输出国法律获得的作品著作权在输入国也能依法得到承认和有效保护，或者说著作权能得到国际保护，这是开展国际著作权贸易的法律前提。

著作权国际保护主要遵循以下三条原则。

1. 国民待遇原则。

协定的双方或公约的各方，要依据本国法律给予相关各方的国民与本国国民同等的著作权保护。

2. 最低保护原则。

在著作权保护的对象、范围、程度和期限方面，国际公约缔约各国都必须达到公约规定的最低保护标准。

3. 独立保护原则。

又称形式上的互惠原则。由于各缔约国立法不同，著作权保护水平不一，只要求各缔约国按本国立法规定给予相关各方的国民著作权保护，而不要求保护水平相等。

(四)著作权贸易与书刊对外贸易、对外合作出版的区别

1. 与书刊对外贸易的区别。

书刊对外贸易的客体是有形的书刊商品，实际上与一般商

品的对外贸易相同,是指一个国家(或地区)与世界其他国家(或地区)所进行的以图书、期刊的商品交换为核心的出版贸易活动。而著作权贸易的客体是无形的知识产权,这是两者的最主要区别。

2. 与对外合作出版的区别。

对外合作出版,是指我国出版单位同海外出版单位共同确定作品的选题,共享作品著作权,共同或按约定分工合作进行有关书刊的编辑、印制和发行,共同或按约定分别投资,共担风险,分享利益。而著作权贸易仅仅是著作权发生转移,具体的编辑出版工作、相应的生产投资与经营等,全部由买方承担。

(五)国外出版业的经营活动

现代著作权概念起源于欧洲资产阶级革命的人权解放,欧美国家普遍认为著作权是"天赋人权",是不能"买卖"的,因此一般不采用"著作权贸易"这一说法,尽管在实践中还是采用"贸易"的形式来实现著作权的转移。西方国家出版业一般把本国出版机构与国外出版机构的这类合作活动分为三类。

1. 直接的著作权转让或许可使用。

这是比较常见的合作形式。通过签订合同有条件地从国外出版机构获得某一作品的部分著作财产权或其使用权,或反向有偿输出。

2. 合作出版。

这是先由一家出版社提出选题并组织编辑成稿,并通过推销在国外其他出版社的参与下开始印刷或复制生产,同时推出不同版本。通过合作既可获得著作权转让或许可使用的收入来增加投资收益,又可通过多种版本共同印刷降低印刷成本,控制定价,促进发行。这种合作形式也很常见。我国一些外文出版物以及"经典工程中国国际出版工程"、"大中华文库"等项目出版物,都可以采用这种形式进行"走出去"。

3. 联合出版。

也称"合资出版",即一个出版机构同其他出版机构合资,共担风险,分享利润。这种合作可以按约定比例分担所有成本并分享利润,也可以按约定分别承担项目不同部分或不同阶段的成本并分享相应比例的利润。

西方出版业的"合作出版"相当于我国的带有印制合作条件的著作权贸易。西方出版业的"联合出版"类似我国的分担不同阶段成本的"对外合作出版"。

(六)出版社的著作权贸易经营及应注意的问题

随着经济全球化的进展和世界科技文化交流的日益增强,以及我国大力实施中国文化"走出去"战略,著作权贸易已成为出版社经营活动的重要内容。越来越多的出版社将著作权贸易纳入出版社的经营范围,从选题策划起就开始考虑国内和海外两个市场,贸易对象所涉及的国家和地区也越来越广泛。

经营著作权贸易,需要从引进选题和输出选题两个方面考虑。

1. 引进选题。

在进行引进选题规划和策划时应注意考虑如下问题。

(1)考量选题的文化价值。如科技著作的学术前沿价值,文艺图书的文化积累价值等,与国内外同类作品的比较筛选,尽可能引进最有价值人类文化精品。

(2)调查原作品作者的知名度和原作品在海外市场的知名

度。这在一定程度上反映了原作品的价值，也可以作为该作品引进后在国内市场的宣传、定价、印数等的策划方案的参考。

（3）调研原作品出版时间。原作品的出版时间早晚可以判断其内容新旧和该版本是否值得引进，了解该作品近期是否将有新版本推出。对于版本过老的作品和作者去世已久的作品，还要计算其著作权是否会在近期进入公有领域。

（4）预测我国的市场并对引进出版进行经济预算。

2. 对输出选题的考虑。

进行选题规划和选题策划时，应注意这些选题是否有可能进行输出性的著作权贸易。对于有输出可能性的选题，在组稿和编辑加工整理中应注意兼顾海外市场对内容和表现形式的不同要求。

（七）著作权贸易信息的获取途径

我国出版单位获取著作权贸易信息的途径一般有四种。

1. 与海外出版机构建立和保持联系。

了解海外有关出版机构的实力、出版范围和兴趣所在，是选择合作伙伴进行输出性著作权贸易的重要前期准备。国外的大出版机构向外界发送的新书目录是了解有关领域新出版物的重要途径。定期访问出版机构的网站可以及时了解该出版机构的出版状况和著作权贸易动态。此外，还可以访问"亚马逊网上书店"、"国际版权在线"、"法兰克福书展"等专业网站。一旦与海外有关出版机构建立了合作关系，它们通常会定期通报有关信息，推荐选题，建议进行著作权贸易等。

2. 重视参加国际书展和国际刊展。

国际书展和国际刊展是集中进行书刊出版信息的发布和交

流、寻求和进行著作权贸易谈判的最重要场合。在这些展览会上可以直观地了解选题和著作权信息,并直接进行有关的贸易谈判。每年10月举行的法兰克福国际图书博览会,是世界上最重要的著作权贸易场所。每年8月底举行的北京国际图书博览会是我们最便捷的著作权贸易场所。阿拉伯国家地区每年也有一些固定书展,如沙迦书展、沙特利亚得书展、埃及开罗书展等。

重要的国际书展

书展名称	展出月份	展出地点
东京国际书展	3月	日本东京
伦敦国际书展	4月	英国伦敦
博洛尼亚儿童书展	5月	意大利博洛尼亚
北京国际图书博览会	8月	中国北京
美国书展(BEA)	6月	美国芝加哥等地
新加坡华文书展	6月	新加坡
莫斯科国际书展	单年9月	俄罗斯莫斯科
法兰克福国际书展	10月	德国法兰克福

3. 借助于著作权代理公司。

著作权代理公司又称"版权代理公司",是专门从事各项著作权代理业务的商业中介机构。它们接受著作权人委托,为委托方寻找且负责办理有关作品著作权转让或许可使用的事务,并按惯例收取占合同金额一定比例(通常为10%)的代理费。同一些著作权代理公司建立和保持合作关系是获取著作权贸易信息的重要途径。

4. 联系著作权集体管理机构。

通过一些著作权集体管理机构也可了解有关信息并进而获得著作权授权。著作权集体管理机构不同于著作权代理公司,是著作权人的非营利性集体组织。它们代理著作权人进行著作权贸易，所得收入扣除直接管理费用后全部转交著作权人。这类机构往往是国际组织的成员，或同各国的同类组织有互相代理合作关系，可帮助获得海外作品著作权授权。

(八)著作权的许可使用和转让

1. 许可使用和转让的区别。

著作权许可使用和转让的区别，概括起来说有下列三点。

(1)许可使用不改变著作权的归属，仅仅是使用权的暂时转移。被许可人取得的只是著作权中一项或多项财产权的暂时有偿使用权，不能成为著作权主体，许可方仍是有关财产权的所有人。在许可合同约定期限内，被许可方可以按合同约定方式使用作品，但无权处分该财产权。著作权许可使用是我国出版机构与海外出版机构进行著作权贸易时最常用的方式。著作权转让则不同，受让人取得的是所有权，可以成为著作权主体，但一般是有时限的。一旦合同期满，有关权利又自动回归转让方。著作权转让的极端情况是著作权卖断，即著作权中的部分或全部财产权一次性无时限地有偿转让。著作权卖断后，有关财产权的所有权发生永久转移，受让方成为新的著作权人。但是，在著作权贸易中一般很少有著作权卖断的情况，许多国家的法律也禁止著作权卖断。

(2)被许可人只能按照许可使用合同约定的方式、地域范围和期限使用作品，未经著作权人许可，不能将其获得的使用权再许可第三人使用。受让人则不仅自己可以使用作品，也可以将所获得的权利再转让给他人或许可第三人使用，并且无须取得原著作权人的同意，因为受让人对所有物有处分权。

177

（3）被许可人取得的如果是非专有使用权，当其权利受到侵害时，不能以自己的名义提起诉讼，只有取得专有使用权的被许可人才有权因专有使用权受到侵害而提起诉讼。转让则不同，任何受让人对侵犯其财产权利的侵权人均可提起侵权之诉。

2. 著作权许可使用合同。

使用合同是双方当事人就著作财产权中的某一项或多项权利的使用而达成的协议。

（1）许可使用的权利种类。著作权人可以许可他人使用的权利很多，如复制权、信息网络传播权、改编权、翻译权等。著作权人愿意许可他人使用哪些权利，都由当事人根据需要而约定，在合同中必须对此作出清楚、明白、准确无误的规定。

（2）许可使用的权利是否专有。专有即独占、垄断的意思，具有排他性。授予专有使用权，意味着著作权人只允许特定的被许可人按照合同约定的时间和方式使用其作品，并且在此期限内著作权人不仅本身不能以相同方式使用而且也不得再许可任何第三方使用。如果著作权人授予的是非专有使用权，那么，在合同有效期内，著作权人不但自己仍可使用，而且还可以再许可任何第三方使用有关权利。出版者必须在合同中与著作权人明确约定所取得的出版权是专有出版权，否则取得的便只能是非专有出版权。

（3）许可使用的地域范围、时间期限。许可使用的地域范围是指出版物可以发行的地区。一般在合同中必须明确发行的范围和使用的时间限制。使用人只能在作品许可使用地域范围和使用时间期限内使用该作品，否则便构成违约侵权。

（4）付酬标准和办法。被许可人使用作品，一般都要向著作权人支付使用费。使用费的报酬方式、付酬标准以及支付方式，都应在合同中明确约定。

（5）违约责任。签订著作权使用合同是一种法律行为。合同一经订立，便产生法律效力，双方当事人都应严格履行。任何一方违约，都必须承担违约的法律责任。违约责任的具体内容，由当事人在合同中约定。

（6）双方认为需要约定的其他内容。双方当事人可以在合同中规定：若对合同产生争议，双方另行协商，协商不成，可申请某仲裁机构仲裁。

3. 著作权转让合同。

转让合同，是指著作权人与受让人就著作权中部分或全部财产权利的有期限或无期限转让而达成的协议。我国著作权法明确规定，著作权人可以转让著作权中的财产权，但必须签订书面合同。著作权转让合同的主要内容如下。

（1）作品的名称。著作权人转让的著作权是依托于某一具体作品的，而不是泛指著作权人的作品。所以，作品名称是著作权转让合同的必备内容。

（2）转让的权利种类、地域范围。著作权人可以转让的著作财产权很多，因此，应在合同中明确约定要转让哪一项或哪几项权利。

转让权利的地域范围，一般是指所转让权利的适用地区等。

（3）转让价金。转让价金即转让费。转让费的多少没有统一规定，这要根据作者在创作作品过程中所付出的精神劳动和物化劳动以及该作品在使用过程中所能产生的经济效益和社会效益由双方商定。

(4)交付转让价金的日期和方式。交付转让价金的日期直接关系到著作权能否顺利转让、合同是否按期履行,所以在合同中应明确约定受让人向转让人支付转让费的日期和方式。交付转让价金的方式,指受让人是一次性还是分期支付转让费,用何种货币支付,等等。

(5)违约责任。与上文的著作权许可使用合同协议条款相对应进行约定。

(6)双方认为需要约定的其他内容。与上文的著作权许可使用合同相同。

(九)著作权贸易的管理

出版社应建立专职部门和相应的工作制度,配备政治素质高、懂编辑业务和对外贸易业务、外语能力强的专职人员负责著作权贸易工作。

1. 开展著作权贸易的原则。

开展著作权贸易应该遵循以下原则。

(1)国家利益第一的原则。要在遵循我国对外政策和方针的前提下开展著作权贸易和对外合作出版。

(2)把社会效益放在首位,实现社会效益和经济效益相结合的原则,引进真正优秀的作品,努力对外传播我国文化精华。

(3)遵纪守法原则。应该遵守我国著作权法和国家对于开展著作权贸易的有关规定和外事纪律。

(4)平等互利、诚实守信原则。要通过平等协商签订双方都可得到一定利益的著作权贸易合同,既合理维护自身利益,也要让对方有利可图。履行合同要真诚、守信用,瞒报销售数量、不按合同约定支付费用等，都是大忌。

2. 著作权贸易的管理。

出版社的著作权贸易管理工作主要包括以下内容。

（1）同海外出版机构建立和保持经常的业务联系。

（2）收集海外出版动态和著作权贸易信息提供给本单位有关编辑部门，并帮助编辑部门与海外出版机构沟通，策划合作项目。

（3）按本单位制度和要求统一进行著作权贸易谈判和签订贸易合同。

（4）按有关规定履行引进选题报批和著作权贸易合同审核登记手续。

（5）检查、督促和协调编辑、财务等有关部门履行已签订的著作权贸易合同，具体包括按合同约定在规定期限内交稿或出书，收取或支付版税，按约定署名等。

（6）对商务信函和业务活动做好登记备案工作，建立和保存著作权贸易业务档案。

三、与阿拉伯国家地区进行版权贸易的注意事项

除了遵循世界版权贸易相关公约和各国的相关法律法规之外，与阿拉伯国家地区进行版权贸易主要注意事项还有以下几点。

一是注意引进、输出图书内容的选择。引进要遵守我国出版法律法规，输出要尊重阿拉伯国家地区的宗教信仰、民俗。

二是版权贸易谈判中要注意尊重对方的信仰，尊重对方的宗教礼仪；在我国接待他们还要注意提供饮食、礼拜等方面的方便条件。

附：

中华人民共和国主席令

第二十六号

《全国人民代表大会常务委员会关于修改〈中华人民共和国著作权法〉的决定》已由中华人民共和国第十一届全国人民代表大会常务委员会第十三次会议于 2010 年 2 月 26 日通过，现予公布，自 2010 年 4 月 1 日起施行。

中华人民共和国主席　胡锦涛
2010 年 2 月 26 日

中华人民共和国著作权法

（1990 年 9 月 7 日第七届全国人民代表大会常务委员会第十五次会议通过根据 2001 年 10 月 27 日第九届全国人民代表大会常务委员会第二十四次会议《关于修改〈中华人民共和国著作权法〉的决定》第一次修正根据 2010 年 2 月 26 日第十一届全国人民代表大会常务委员会第十三次会议《关于修改〈中华人民共和国著作权法〉的决定》第二次修正）

第一章　总则

第一条　为保护文学、艺术和科学作品作者的著作权，以及与著作权有关的权益，鼓励有益于社会主义精神文明、物质文明建设的作品的创作和传播，促进社会主义文化和科学事业的发展与繁荣，根据宪法制定本法。

第二条　中国公民、法人或者其他组织的作品，不论是否发表，依照本法享有著作权。

外国人、无国籍人的作品根据其作者所属国或者经常居住地国同中国签订的协议或者共同参加的国际条约享有的著作权，受本法保护。

外国人、无国籍人的作品首先在中国境内出版的，依照本法享有著作权。

未与中国签订协议或者共同参加国际条约的国家的作者以及无国籍人的作品首次在中国参加的国际条约的成员国出版的，或者在成员国和非成员国同时出版的，受本法保护。

第三条　本法所称的作品，包括以下列形式创作的文学、艺术和自然科学、社会科学、工程技术等作品：

（一）文字作品；

（二）口述作品；

（三）音乐、戏剧、曲艺、舞蹈、杂技艺术作品；

（四）美术、建筑作品；

（五）摄影作品；

（六）电影作品和以类似摄制电影的方法创作的作品；

（七）工程设计图、产品设计图、地图、示意图等图形作品和模型作品；

(八)计算机软件；

(九)法律、行政法规规定的其他作品。

第四条 著作权人行使著作权，不得违反宪法和法律，不得损害公共利益。国家对作品的出版、传播依法进行监督管理。

第五条 本法不适用于：

(一)法律、法规，国家机关的决议、决定、命令和其他具有立法、行政、司法性质的文件，及其官方正式译文；

(二)时事新闻；

(三)历法、通用数表、通用表格和公式。

第六条 民间文学艺术作品的著作权保护办法由国务院另行规定。

第七条 国务院著作权行政管理部门主管全国的著作权管理工作；各省、自治区、直辖市人民政府的著作权行政管理部门主管本行政区域的著作权管理工作。

第八条 著作权人和与著作权有关的权利人可以授权著作权集体管理组织行使著作权或者与著作权有关的权利。著作权集体管理组织被授权后，可以以自己的名义为著作权人和与著作权有关的权利人主张权利，并可以作为当事人进行涉及著作权或者与著作权有关的权利的诉讼、仲裁活动。

著作权集体管理组织是非营利性组织，其设立方式、权利义务、著作权许可使用费的收取和分配，以及对其监督和管理等由国务院另行规定。

第二章　著作权

第一节　著作权人及其权利

第九条　著作权人包括：

(一)作者；

(二)其他依照本法享有著作权的公民、法人或者其他组织。

第十条　著作权包括下列人身权和财产权：

(一)发表权，即决定作品是否公之于众的权利；

(二)署名权，即表明作者身份，在作品上署名的权利；

(三)修改权，即修改或者授权他人修改作品的权利；

(四)保护作品完整权，即保护作品不受歪曲、篡改的权利；

(五)复制权，即以印刷、复印、拓印、录音、录像、翻录、翻拍等方式将作品制作一份或者多份的权利；

(六)发行权，即以出售或者赠与方式向公众提供作品的原件或者复制件的权利；

(七)出租权，即有偿许可他人临时使用电影作品和以类似摄制电影的方法创作的作品、计算机软件的权利，计算机软件不是出租的主要标的的除外；

(八)展览权，即公开陈列美术作品、摄影作品的原件或者复制件的权利；

(九)表演权，即公开表演作品，以及用各种手段公开播送作品的表演的权利；

(十)放映权，即通过放映机、幻灯机等技术设备公开再现美术、摄影、电影和以类似摄制电影的方法创作的作品等的权利；

（十一）广播权，即以无线方式公开广播或者传播作品，以有线传播或者转播的方式向公众传播广播的作品，以及通过扩音器或者其他传送符号、声音、图像的类似工具向公众传播广播的作品的权利；

（十二）信息网络传播权，即以有线或者无线方式向公众提供作品，使公众可以在其个人选定的时间和地点获得作品的权利；

（十三）摄制权，即以摄制电影或者以类似摄制电影的方法将作品固定在载体上的权利；

（十四）改编权，即改变作品，创作出具有独创性的新作品的权利；

（十五）翻译权，即将作品从一种语言文字转换成另一种语言文字的权利；

（十六）汇编权，即将作品或者作品的片段通过选择或者编排，汇集成新作品的权利；

（十七）应当由著作权人享有的其他权利。

著作权人可以许可他人行使前款第（五）项至第（十七）项规定的权利，并依照约定或者本法有关规定获得报酬。

著作权人可以全部或者部分转让本条第一款第（五）项至第（十七）项规定的权利，并依照约定或者本法有关规定获得报酬。

第二节 著作权归属

第十一条 著作权属于作者，本法另有规定的除外。

创作作品的公民是作者。

由法人或者其他组织主持，代表法人或者其他组织意志创作，并由法人或者其他组织承担责任的作品，法人或者其他组织视为作者。

如无相反证明，在作品上署名的公民、法人或者其他组织为作者。

第十二条 改编、翻译、注释、整理已有作品而产生的作品，其著作权由改编、翻译、注释、整理人享有，但行使著作权时不得侵犯原作品的著作权。

第十三条 两人以上合作创作的作品，著作权由合作作者共同享有。没有参加创作的人，不能成为合作作者。

合作作品可以分割使用的，作者对各自创作的部分可以单独享有著作权，但行使著作权时不得侵犯合作作品整体的著作权。

第十四条 汇编若干作品、作品的片段或者不构成作品的数据或者其他材料，对其内容的选择或者编排体现独创性的作品，为汇编作品，其著作权由汇编人享有，但行使著作权时，不得侵犯原作品的著作权。

第十五条 电影作品和以类似摄制电影的方法创作的作品的著作权由制片者享有，但编剧、导演、摄影、作词、作曲等作者享有署名权，并有权按照与制片者签订的合同获得报酬。

电影作品和以类似摄制电影的方法创作的作品中的剧本、音乐等可以单独使用的作品的作者有权单独行使其著作权。

第十六条 公民为完成法人或者其他组织工作任务所创作的作品是职务作品，除本条第二款的规定以外，著作权由作者享有，但法人或者其他组织有权在其业务范围内优先使用。作品完成两年内，未经单位同意，作者不得许可第三人以与单位使用的相同方式使用该作品。

有下列情形之一的职务作品，作者享有署名权，著作权的其他权利由法人或者其他组织享有，法人或者其他组织可以给予作者奖励：

（一）主要是利用法人或者其他组织的物质技术条件创作，并由法人或者其他组织承担责任的工程设计图、产品设计图、地图、计算机软件等职务作品；

（二）法律、行政法规规定或者合同约定著作权由法人或者其他组织享有的职务作品。

第十七条 受委托创作的作品，著作权的归属由委托人和受托人通过合同约定。合同未作明确约定或者没有订立合同的，著作权属于受托人。

第十八条 美术等作品原件所有权的转移，不视为作品著作权的转移，但美术作品原件的展览权由原件所有人享有。

第十九条 著作权属于公民的，公民死亡后，其本法第十条第一款第（五）项至第（十七）项规定的权利在本法规定的保护期内，依照继承法的规定转移。

著作权属于法人或者其他组织的，法人或者其他组织变更、终止后，其本法第十条第一款第（五）项至第（十七）项规定的权利在本法规定的保护期内，由承受其权利义务的法人或者其他组织享有；没有承受其权利义务的法人或者其他组织的，由国家享有。

第三节 权利的保护期

第二十条 作者的署名权、修改权、保护作品完整权的保护期不受限制。

第二十一条 公民的作品，其发表权、本法第十条第一款第（五）项至第（十七）项规定的权利的保护期为作者终生及其死亡后五十年，截止于作者死亡后第五十年的12月31日；如果是合作作品，截止于最后死亡的作者死亡后第五十年的12月31日。

法人或者其他组织的作品、著作权（署名权除外）由法人或者其他组织享有的职务作品，其发表权、本法第十条第一款第（五）项至第（十七）项规定的权利的保护期为五十年，截止于作品首次发表后第五十年的12月31日，但作品自创作完成后五十年内未发表的，本法不再保护。

电影作品和以类似摄制电影的方法创作的作品、摄影作品，其发表权、本法第十条第一款第（五）项至第（十七）项规定的权利的保护期为五十年，截止于作品首次发表后第五十年的12月31日，但作品自创作完成后五十年内未发表的，本法不再保护。

第四节 权利的限制

第二十二条 在下列情况下使用作品，可以不经著作权人许可，不向其支付报酬，但应当指明作者姓名、作品名称，并且不得侵犯著作权人依照本法享有的其他权利：

（一）为个人学习、研究或者欣赏，使用他人已经发表的作品；

（二）为介绍、评论某一作品或者说明某一问题，在作品中适当引用他人已经发表的作品；

（三）为报道时事新闻，在报纸、期刊、广播电台、电视台等媒体中不可避免地再现或者引用已经发表的作品；

（四）报纸、期刊、广播电台、电视台等媒体刊登或者播放其他报纸、期刊、广播电台、电视台等媒体已经发表的关于政治、经济、宗教问题的时事性文章，但作者声明不许刊登、播放的除外；

（五）报纸、期刊、广播电台、电视台等媒体刊登或者播放在公众集会上发表的讲话，但作者声明不许刊登、播放的除外；

（六）为学校课堂教学或者科学研究，翻译或者少量复制已经发表的作品，供教学或者科研人员使用，但不得出版发行；

（七）国家机关为执行公务在合理范围内使用已经发表的作品；

（八）图书馆、档案馆、纪念馆、博物馆、美术馆等为陈列或者保存版本的需要，复制本馆收藏的作品；

（九）免费表演已经发表的作品，该表演未向公众收取费用，也未向表演者支付报酬；

（十）对设置或者陈列在室外公共场所的艺术作品进行临摹、绘画、摄影、录像；

（十一）将中国公民、法人或者其他组织已经发表的以汉语言文字创作的作品翻译成少数民族语言文字作品在国内出版发行；

（十二）将已经发表的作品改成盲文出版。

前款规定适用于对出版者、表演者、录音录像制作者、广播电台、电视台的权利的限制。

第二十三条　为实施九年制义务教育和国家教育规划而编写出版教科书，除作者事先声明不许使用的外，可以不经著作权人许可，在教科书中汇编已经发表的作品片段或者短小的文字作品、音乐作品或者单幅的美术作品、摄影作品，但应当按照规定支付报酬，指明作者姓名、作品名称，并且不得侵犯著作权人依照本法享有的其他权利。

前款规定适用于对出版者、表演者、录音录像制作者、广播电台、电视台的权利的限制。

第三章 著作权许可使用和转让合同

第二十四条 使用他人作品应当同著作权人订立许可使用合同，本法规定可以不经许可的除外。

许可使用合同包括下列主要内容：

(一)许可使用的权利种类；

(二)许可使用的权利是专有使用权或者非专有使用权；

(三)许可使用的地域范围、期间；

(四)付酬标准和办法；

(五)违约责任；

(六)双方认为需要约定的其他内容。

第二十五条 转让本法第十条第一款第(五)项至第(十七)项规定的权利，应当订立书面合同。

权利转让合同包括下列主要内容：

(一)作品的名称；

(二)转让的权利种类、地域范围；

(三)转让价金；

(四)交付转让价金的日期和方式；

(五)违约责任；

(六)双方认为需要约定的其他内容。

第二十六条 以著作权出质的，由出质人和质权人向国务院著作权行政管理部门办理出质登记。

第二十七条　许可使用合同和转让合同中著作权人未明确许可、转让的权利，未经著作权人同意，另一方当事人不得行使。

第二十八条　使用作品的付酬标准可以由当事人约定，也可以按照国务院著作权行政管理部门会同有关部门制定的付酬标准支付报酬。当事人约定不明确的，按照国务院著作权行政管理部门会同有关部门制定的付酬标准支付报酬。

第二十九条　出版者、表演者、录音录像制作者、广播电台、电视台等依照本法有关规定使用他人作品的，不得侵犯作者的署名权、修改权、保护作品完整权和获得报酬的权利。

第四章　出版、表演、录音录像、播放

第一节　图书、报刊的出版

第三十条　图书出版者出版图书应当和著作权人订立出版合同，并支付报酬。

第三十一条　图书出版者对著作权人交付出版的作品，按照合同约定享有的专有出版权受法律保护，他人不得出版该作品。

第三十二条　著作权人应当按照合同约定期限交付作品。图书出版者应当按照合同约定的出版质量、期限出版图书。

图书出版者不按照合同约定期限出版，应当依照本法第五十四条的规定承担民事责任。

图书出版者重印、再版作品的，应当通知著作权人，并支付报酬。图书脱销后，图书出版者拒绝重印、再版的，著作权人有权终止合同。

第三十三条　著作权人向报社、期刊社投稿的，自稿件发出之日起十五日内未收到报社通知决定刊登的，或者自稿件发

第十二章 著作权和著作权贸易

出之日起三十日内未收到期刊社通知决定刊登的，可以将同一作品向其他报社、期刊社投稿。双方另有约定的除外。

作品刊登后，除著作权人声明不得转载、摘编的外，其他报刊可以转载或者作为文摘、资料刊登，但应当按照规定向著作权人支付报酬。

第三十四条 图书出版者经作者许可，可以对作品修改、删节。

报社、期刊社可以对作品作文字性修改、删节。对内容的修改，应当经作者许可。

第三十五条 出版改编、翻译、注释、整理、汇编已有作品而产生的作品，应当取得改编、翻译、注释、整理、汇编作品的著作权人和原作品的著作权人许可，并支付报酬。

第三十六条 出版者有权许可或者禁止他人使用其出版的图书、期刊的版式设计。

前款规定的权利的保护期为十年，截止于使用该版式设计的图书、期刊首次出版后第十年的 12 月 31 日。

第二节 表演

第三十七条 使用他人作品演出，表演者（演员、演出单位）应当取得著作权人许可，并支付报酬。演出组织者组织演出，由该组织者取得著作权人许可，并支付报酬。

使用改编、翻译、注释、整理已有作品而产生的作品进行演出，应当取得改编、翻译、注释、整理作品的著作权人和原作品的著作权人许可，并支付报酬。

第三十八条 表演者对其表演享有下列权利：

（一）表明表演者身份；

(二)保护表演形象不受歪曲;

(三)许可他人从现场直播和公开传送其现场表演,并获得报酬;

(四)许可他人录音录像,并获得报酬;

(五)许可他人复制、发行录有其表演的录音录像制品,并获得报酬;

(六)许可他人通过信息网络向公众传播其表演,并获得报酬。

被许可人以前款第(三)项至第(六)项规定的方式使用作品,还应当取得著作权人许可,并支付报酬。

第三十九条 本法第三十八条第一款第(一)项、第(二)项规定的权利的保护期不受限制。

本法第三十八条第一款第(三)项至第(六)项规定的权利的保护期为五十年,截止于该表演发生后第五十年的12月31日。

第三节 录音录像

第四十条 录音录像制作者使用他人作品制作录音录像制品,应当取得著作权人许可,并支付报酬。

录音录像制作者使用改编、翻译、注释、整理已有作品而产生的作品,应当取得改编、翻译、注释、整理作品的著作权人和原作品著作权人许可,并支付报酬。

录音制作者使用他人已经合法录制为录音制品的音乐作品制作录音制品,可以不经著作权人许可,但应当按照规定支付报酬;著作权人声明不许使用的不得使用。

第四十一条 录音录像制作者制作录音录像制品,应当同表演者订立合同，并支付报酬。

第四十二条 录音录像制作者对其制作的录音录像制品，享有许可他人复制、发行、出租、通过信息网络向公众传播并获得报酬的权利；权利的保护期为五十年，截止于该制品首次制作完成后第五十年的12月31日。

被许可人复制、发行、通过信息网络向公众传播录音录像制品，还应当取得著作权人、表演者许可，并支付报酬。

第四节 广播电台、电视台播放

第四十三条 广播电台、电视台播放他人未发表的作品，应当取得著作权人许可，并支付报酬。

广播电台、电视台播放他人已发表的作品，可以不经著作权人许可，但应当支付报酬。

第四十四条 广播电台、电视台播放已经出版的录音制品，可以不经著作权人许可，但应当支付报酬。当事人另有约定的除外。具体办法由国务院规定。

第四十五条 广播电台、电视台有权禁止未经其许可的下列行为：

（一）将其播放的广播、电视转播；

（二）将其播放的广播、电视录制在音像载体上以及复制音像载体。

前款规定的权利的保护期为五十年，截止于该广播、电视首次播放后第五十年的12月31日。

第四十六条 电视台播放他人的电影作品和以类似摄制电影的方法创作的作品、录像制品，应当取得制片者或者录像制作者许可，并支付报酬；播放他人的录像制品，还应当取得著作权人许可，并支付报酬。

第五章　法律责任和执法措施

第四十七条　有下列侵权行为的，应当根据情况，承担停止侵害、消除影响、赔礼道歉、赔偿损失等民事责任：

（一）未经著作权人许可，发表其作品的；

（二）未经合作作者许可，将与他人合作创作的作品当作自己单独创作的作品发表的；

（三）没有参加创作，为谋取个人名利，在他人作品上署名的；

（四）歪曲、篡改他人作品的；

（五）剽窃他人作品的；

（六）未经著作权人许可，以展览、摄制电影和以类似摄制电影的方法使用作品，或者以改编、翻译、注释等方式使用作品的，本法另有规定的除外；

（七）使用他人作品，应当支付报酬而未支付的；

（八）未经电影作品和以类似摄制电影的方法创作的作品、计算机软件、录音录像制品的著作权人或者与著作权有关的权利人许可，出租其作品或者录音录像制品的，本法另有规定的除外；

（九）未经出版者许可，使用其出版的图书、期刊的版式设计的；

（十）未经表演者许可，从现场直播或者公开传送其现场表演，或者录制其表演的；

（十一）其他侵犯著作权以及与著作权有关的权益的行为。

第四十八条 有下列侵权行为的，应当根据情况，承担停止侵害、消除影响、赔礼道歉、赔偿损失等民事责任；同时损害公共利益的，可以由著作权行政管理部门责令停止侵权行为，没收违法所得，没收、销毁侵权复制品，并可处以罚款；情节严重的，著作权行政管理部门还可以没收主要用于制作侵权复制品的材料、工具、设备等；构成犯罪的，依法追究刑事责任：

（一）未经著作权人许可，复制、发行、表演、放映、广播、汇编、通过信息网络向公众传播其作品的，本法另有规定的除外；

（二）出版他人享有专有出版权的图书的；

（三）未经表演者许可，复制、发行录有其表演的录音录像制品，或者通过信息网络向公众传播其表演的，本法另有规定的除外；

（四）未经录音录像制作者许可，复制、发行、通过信息网络向公众传播其制作的录音录像制品的，本法另有规定的除外；

（五）未经许可，播放或者复制广播、电视的，本法另有规定的除外；

（六）未经著作权人或者与著作权有关的权利人许可，故意避开或者破坏权利人为其作品、录音录像制品等采取的保护著作权或者与著作权有关的权利的技术措施的，法律、行政法规另有规定的除外；

（七）未经著作权人或者与著作权有关的权利人许可，故意删除或者改变作品、录音录像制品等的权利管理电子信息的，法律、行政法规另有规定的除外；

(八)制作、出售假冒他人署名的作品的。

第四十九条　侵犯著作权或者与著作权有关的权利的,侵权人应当按照权利人的实际损失给予赔偿;实际损失难以计算的,可以按照侵权人的违法所得给予赔偿。赔偿数额还应当包括权利人为制止侵权行为所支付的合理开支。

权利人的实际损失或者侵权人的违法所得不能确定的,由人民法院根据侵权行为的情节,判决给予五十万元以下的赔偿。

第五十条　著作权人或者与著作权有关的权利人有证据证明他人正在实施或者即将实施侵犯其权利的行为,如不及时制止将会使其合法权益受到难以弥补的损害的,可以在起诉前向人民法院申请采取责令停止有关行为和财产保全的措施。

人民法院处理前款申请,适用《中华人民共和国民事诉讼法》第九十三条至第九十六条和第九十九条的规定。

第五十一条　为制止侵权行为,在证据可能灭失或者以后难以取得的情况下,著作权人或者与著作权有关的权利人可以在起诉前向人民法院申请保全证据。

人民法院接受申请后,必须在四十八小时内作出裁定;裁定采取保全措施的,应当立即开始执行。

人民法院可以责令申请人提供担保,申请人不提供担保的,驳回申请。

申请人在人民法院采取保全措施后十五日内不起诉的,人民法院应当解除保全措施。

第五十二条　人民法院审理案件,对于侵犯著作权或者与著作权有关的权利的,可以没收违法所得、侵权复制品以及进行违法活动的财物。

第五十三条 复制品的出版者、制作者不能证明其出版、制作有合法授权的，复制品的发行者或者电影作品或者以类似摄制电影的方法创作的作品、计算机软件、录音录像制品的复制品的出租者不能证明其发行、出租的复制品有合法来源的，应当承担法律责任。

第五十四条 当事人不履行合同义务或者履行合同义务不符合约定条件的，应当依照《中华人民共和国民法通则》、《中华人民共和国合同法》等有关法律规定承担民事责任。

第五十五条 著作权纠纷可以调解，也可以根据当事人达成的书面仲裁协议或者著作权合同中的仲裁条款，向仲裁机构申请仲裁。

当事人没有书面仲裁协议，也没有在著作权合同中订立仲裁条款的，可以直接向人民法院起诉。

第五十六条 当事人对行政处罚不服的，可以自收到行政处罚决定书之日起三个月内向人民法院起诉，期满不起诉又不履行的，著作权行政管理部门可以申请人民法院执行。

第六章 附则

第五十七条 本法所称的著作权即版权。

第五十八条 本法第二条所称的出版，指作品的复制、发行。

第五十九条 计算机软件、信息网络传播权的保护办法由国务院另行规定。

第六十条 本法规定的著作权人和出版者、表演者、录音录像制作者、广播电台、电视台的权利，在本法施行之日尚未超过本法规定的保护期的，依照本法予以保护。

本法施行前发生的侵权或者违约行为，依照侵权或者违约行为发生时的有关规定和政策处理。

第六十一条 本法自1991年6月1日起施行。

附 录

加强回族文化建设
重视回族文化出版工作

一、调研缘由

宁夏回族自治区成立五十周年之际，为强化党和政府的舆论阵地，保障人民群众基本文化权益，促进文化产业发展，新闻出版总署在签订《关于进一步支持宁夏新闻出版事业发展的实施意见》之后，又出台了《新闻出版总署宁夏回族自治区人民政府共同促进宁夏新闻出版业发展的合作协议》。在宁夏新闻出版局的大力支持下，我们对宁夏的民族出版物，尤其是阿拉伯文出版物的流通使用情况以及目前我区新闻出版事业的突出问题和薄弱环节进行专题调研。

在调研过程中，全国少数民族文化工作会议在北京召开，会议指出，繁荣少数民族文化事业，要坚持为人民服务、为社会主义服务的方向和百花齐放、百家争鸣的方针，尊重差异、包容多样，推动少数民族文化互相借鉴、加强交流、和谐发展。会议要求，加强少数民族文化建设，要以建设社会主义核心价值体系为主线，以完善公共文化服务体系为重点，以加强基础设施为手段，以推动文化创新为动力，以改革体制机制为保障，以满足各族群众日益增长的精神文化需求为出发点和落脚点。

全国少数民族文化工作会议的精神给了我们极大的指导和鼓励。我们采取专家访谈、实地考察和问卷调查的形式，从2009年6月5日至18日，在自治区民委（宗教局）宗教一处、自治区社会科学院回族伊斯兰研究所、宁夏大学回族研究院、自治区伊斯兰教协会、以及银川、吴忠、同心等回族聚居区清真寺、民间学校进行了为期14天的调研。本报告针对调研中发现的我区民族图书出版工作存在的一些主要问题，提出了一些解决问题的初步思路及措施，以供参考。

二、存在的主要问题

（一）民间出版物大量冲斥我区民族文化市场，急需规范和引导

1. 民间出版物的界定。

根据中华人民共和国新闻出版总署署长令（第10号）《内部资料性出版物管理办法》第二条第二款规定："内部资料性出版物，是指在本系统、本行业、本单位内部，用于指导工作、交流信息的非卖性成册、折页或散页印刷品，不包括机关公文性的简报等信息资料。"第六条规定："内部资料性出版物严格限定在本系统、本行业、本单位内部交流，不得收取任何费用，不得刊登广告，不得在社会上征订发行，不得传播到境外，不得拉赞助或搞有偿经营性活动，不得用《准印证》出版其他出版物，不得与外单位以'协办'之类形式进行印刷发行等。"但是，在我区的民族文化用品市场，大量的宗教出版物、海外出版物、盗版图书、音像制品等充斥民族文化市场，加之，由于民族问题和宗教原因的特殊性，简单地使用"非法出版物"在民族地区比较敏感，因而，我区学者和有关管理人员

俗称这类出版物为"民间出版物"。

2. 民间出版物的构成及其自发的流通状况。

在调研中我们初步了解，由于种种原因，大量的穆斯林民间出版物（图书、报刊、音像制品）在穆斯林群众中自发流通的现象比较普遍。在清真寺和穆斯林经书供应处，据初步统计，这类图书主要由四部分内容构成。

一是以经书和经书解释及宣传宗教知识的出版物占经销图书的60%以上，如《古兰经》《圣训》《礼拜速成读本》《穆民必读》等，其中不乏一些反映海外伊斯兰思潮的宣传小册子或宣扬某些教派正统信仰的印刷品、音像制品充斥其间，甚至一些出版物在境外出版在国内流通，如《稳麦的职责》为巴基斯坦"达瓦"宣教团的政治读物现已清缴。二是阿拉伯文图书占经销图书的20%左右，其中以阿语教学用书和传统经堂教育读本为主，如《新编阿拉伯语教程》等，这些出版物绝大多数是民间出版物和盗版物（包括外研社等国内知名出版社阿语教材）。三是伊斯兰教常识、回族常识读本占经销图书的10%左右。四是以伊斯兰教教义和阿拉伯故事为主的音像制品占10%左右。

这些出版物是通过地下庞大的发行网络发行的，造成这种状况的原因主要有以下三点。

一是穆斯林群众有了解伊斯兰教宗教知识的客观要求。信仰伊斯兰教是宁夏回族群体的历史传统，作为这一群体中的每一个成员，其思想意识无不打上伊斯兰文化传统的烙印。在聚居区内，宗教意识更为浓烈。伊斯兰教经典、伊斯兰知识等与宗教有关的图书成为广大穆斯林群众比较喜欢的读物，甚至一些退休的干部也因为民族情感开始阅读、研究伊斯兰教，学习阿拉伯语言。

二是新闻出版单位长期管理缺失，出版物供给不足。正规的出版单位，由于长期以来恪守国家新闻出版法规，对涉猎回族民俗和伊斯兰教的敏感选题慎之又慎。同时对新时期回族的经堂教育研究不够，对于穆斯林民间文化需求关注不够，满足不了信教群众对宗教图书的需求，而国家正规出版物在流通中所占比例不足 10%，足以证明供需失衡。这样就使得这一块的出版特别是阿文正规出版物出现荒漠地带，使得民间出版物占据经书和阿文图书的绝大多数市场，汉文的宗教图书市场也被民间出版物占领。这种情况长期以往就会导致主流文化宣传缺失，不利于地区稳定与民族和谐，民族地区的文化安全面临严重挑战。

三是回族伊斯兰文化长期被学者当做学术研究，学术化倾向偏重，脱离了广大群众，加上正规出版物的成本较高，超过了穆斯林群众的购买力，这也是导致民间通俗、廉价出版物泛滥的重要原因。

(二) 大量民间出版物的出版策源地在临夏而不在宁夏，给管理带来难度

初步统计，90% 以上民间出版物来自具有"东方小麦加"之誉的甘肃临夏，甘肃临夏长期以来形成了"民间出版物"的集散地，辐射全国各地经书流通处；甚至是正规回族伊斯兰文化出版物（包括阿语教材）的盗印基地，由于他们的成本低，出版物的价位低，既迎合了广大穆斯林宗教学习之用，又迎合了广大穆斯林群众购买力低的状况，在回族穆斯林地区产生广泛的影响力。而这类图书又都在民族用品商店进行销售，管理

部门进行过一些收缴活动，但由于涉及宗教问题，也只能没收摆在书架上的，所以屡禁不绝，无法进行根除。

目前全区图书出版管理手段主要采用依法查处违法违纪案件等。而民族宗教用品商店的民间出版物不是文化部门单独出面所能从根本上杜绝的，也不是某一省区单独打击所能根除的，因而，管理难度加大。

(三)政府财力支持不够，宁夏出版界财力弱小，出版物不能满足广大回族穆斯林知识需求

回族文化是中华文化的重要组成部分，为中华民族的形成和发展作出了巨大贡献，是中华民族共有的宝贵精神财富。而回族把使用汉语言文字作为本民族语言文字，按照《民族文字出版专项资金管理暂行办法》不能享受国家少数民族文字出版资金的资助。宁夏又是经济欠发达地区，地方财政也拿不出资金来发展出版事业，而民委系统资金渠道单一、数量少，主要用于解决少数民族人民的饮水、住宿等生存问题，与民委系统引领民族文化发展的主体地位严重不相适应。尽管宁夏人民出版社在回族伊斯兰文化方面出了大量优秀图书，却由于经费问题，普遍存在着重学术、轻通俗读物的现象，图书只满足5%的"精英阅读"，图书种类、数量、价格都没有优势，广大民众没有可读的正版图书，这也是导致了民族文化图书处于民间自发流通状态，产品项目缺乏竞争优势的一个重要原因。

(四)民间办学兴起，但缺乏统一规范的阿拉伯语教材

进入改革年代以来，随着民族教育和文化科技事业的大力推进，这一群体成人中的文盲人数由改革前占人口比例的40%以上下降到20世纪末的20%左右。近年来经济的发展和

普九教育造就了具有新素质的新一代，他们的整体素质普遍高于父母辈，他们的见识比父母辈广阔得多，思想观念开化得多。新生代的崛起，意味着这一群体在文化上经历了一次"换血"，他们文盲率下降，但升学率不高，大多初中毕业就失学了。在调研中，民间办学校长和老师告诉我们，由于国家、政府资金投入的匮乏，不能满足现代民族教育和就业的需要，加之近年来与阿拉伯国家交流的加强，民间办学大量出现，但有很多是未经批准，依托清真寺开办的学习班，尤其在回族集居的在吴忠、同心这类学习班较多。他们有的以阿拉伯语言教学为主，有的以宗教内容为主。依托清真寺办的女校学员人数也不少，从50人左右到300人的都有，突出的现象是，在斋月和农闲时候，中老年妇女学习班和学习人数相当多。这些学校没有统一的教材，由各个学校自行决定购买（多为民间出版物）或自己印刷，这也刺激了民间出版物的印刷发行。

三、相应对策及措施

（一）充分认识加强出版管理的重要意义，各部门密切配合，通力协作，把回族文化出版工作落到实处

回族是我国除了汉族外分布最广、人口较多的民族，也是一个向心力很强、爱国情很浓的民族。宁夏回族自治区有回族人口219万多人，占宁夏总人口的34.77%，占全国回族人口的1/5。伊斯兰文化是人类传统文化的重要组成部分，它影响到人们的思想意识、生活习俗等方面，并渗透到文学艺术、天文地理等领域。因而，整理和出版回族优秀文化图书，不仅可以有效地抵制民间出版物，而且有利于充分发挥回族文化在弘扬民族文化，增进民族团结，促进回族和回族地区物质文明建

设、精神文明建设的重要作用，为促进社会和谐、实现各民族团结、进步和发展服务，还有利于用回族优秀文化中有积极意义的内容引导回族群众的思想。

我们要认真从建设和谐文化、占领思想文化阵地、保障国家文化信息安全、提高国家文化软实力的战略高度出发，充分认识加强回族文化图书出版建设和发展，有利于继承和弘扬回族优秀文化传统，推进社会主义精神文明建设；有利于促进民族思想文化交流、加强民族团结、维护祖国统一；有利于"更加自觉、主动推动社会主义文化大发展大繁荣"。

对回族聚居区的图书市场，要坚持依法保护和科学保护原则，正确处理宗教图书出版与利用的关系。统筹规划、分类指导。针对回族文化的特点和现状，充分发挥宗教部门和文化工作部门的职能，协调统一，各民族、文化工作部门要紧密配合，按照现有分工，积极配合，认真履行职责。文化部门要搞好总体规划，明确目标要求，加强宏观指导；民族工作部门要加强组织、联络、指导、协调。在各级政府的统一领导下，建立协调一致、分工合作的工作机制，为进一步开展回族文化图书出版工作提供保证。按照图书出版的要求，全面、科学、规范地开展回族图书的出版工作；建立、健全、完善回族文化出版的管理体系和工作体制。

（二）实施"文化图书进寺院"工程，建立"穆斯林书屋"试点

要深入发掘和展示回族优秀文化遗产，为构建和谐文化服务。信教群众也是人民群众中的一部分，是中国特色社会主义的劳动者和建设者。宁夏回族群体长期以来观念的封闭与民智的不开化，与他们居住地区长期以来文化教育和科技事业的落

后有必然的联系。宗教文化既可能成为一个民族向前发展的"巨大阻力"和"包袱",也可以成为发展的资源与财富。中国穆斯林人口已超过2000万,宁夏回族人口219万多,目前在中国已有近4万座清真寺,宁夏有4200多座清真寺,全国有5万多名从事伊斯兰教务的阿訇,其中,宁夏的阿訇有六七千人。阿訇在传播伊斯兰教知识、主持教务、团结穆斯林群众等方面发挥着重要作用。但宗教不能代替文化,尤其在回族人民文化水平基本达到小学、初中文化水平,在退耕还林之后,人们的闲暇时间增加,"文化图书进寺院工程"将着力解决信教群众"缺乏正规书、缺乏优秀书、买书难、看书难"问题,解决广大宗教人士学习、研修、生活、休闲的精神文化需求,而且可以净化宗教市场,守住社会主义主流文化阵地,确保民族地区文化安全。

文化教育科技事业的发展,对促进人们摆脱传统束缚,实现现代化有深远的战略意义。清真寺不仅是信教群众的礼拜场所,也是文化传播的场所,是穆斯林的一个公共机构,回族的普通群众对民族历史、文化发展、国家法律认识不清楚,而宗教知识不能代替文化知识,因此,通过书籍来传播文化知识就显得非常重要。针对宁夏具体情况,由国家财政和地方财政支持在清真寺建立穆斯林书屋具有极其重要的战略意义。在图书配送试点工作中,坚持民族文化为少数民族群众服务、为民族地区社会经济发展服务的宗旨,加强图书出版配送工作,广泛开展群众性读书活动,使图书试点工作深深植根于回族群众之中。

(三)实施"走出去"工程,建立"回族文化出版人才培养基地"

2009年6月12日,全国少数民族文化工作会议在北京召开，李长春强调，要大力推动少数民族文化的国际交流，增强中华文化的竞争力和影响力。提出要进一步拓展少数民族文化对外交流合作的广度和深度，实施少数民族和民族地区对外文化交流的精品战略。同时，要进一步加强和改善党对少数民族文化的领导，努力造就一支规模宏大、素质较高的少数民族文化工作者队伍。

在吴忠早元阿拉伯语学校的调研中，我们了解到，中国与阿拉伯国家的交流不断加强，大量的回族阿拉伯语人才投入到市场经济大潮中，尤其是浙江义乌和珠江三角洲，很多来自西北回族聚居区的阿拉伯语人才在那里大显身手。浙江义乌是中国最大的小商品批发市场，汇集了150多个国家的32万种商品，年成交额达35亿美元。宁夏民间阿拉伯语学校近年培养的有5000多人在广州、义乌商贸市场当翻译，吴忠和同心都明确提出要利用当地回族人口多且有学习阿语的传统优势，希望把宁夏建成中国最大的阿语翻译人才输出地，这也是民间办学兴起的一个重要原因。他们在与阿拉伯国家交流中，非常想了解这些国家的基本情况、传统文化等，也了解到阿拉伯国家人民对中国武术、中国穆斯林现状、中国穆斯林的饮食等非常感兴趣。但要把汉语书籍与阿拉伯语图书互译出版，在全国20多所审批过的阿拉伯语学校中，仅同心阿拉伯语学校一家是政府办的，在该校，我们和主管教学的马校长提出，希望他们组织力量编写一些阿拉伯语的有关图书，但了解到他们与其他民间办学一样，专业教师匮乏，水平较低。我们再次遭遇了一个尴尬情况，让我们清楚认识到：严重匮乏翻译、编辑、排版人才，尤其是既懂阿拉伯语又懂伊斯兰文化的复合型人才奇缺。全国正规大学阿拉伯语专业人数少，水平高的人有高薪的工作，不愿意做图书的翻译。

为了更好、更快地增进中阿文化交流，高质量完成回族文化阿拉伯语教材、教辅图书的编纂、出版任务。树立精品意识，尤其是在回族文化的研究、撰写等方面强化培训，精确操作，确保编纂出版任务的顺利完成，尤其是要重点加强翻译、出版人才的培养。

培养造就一支具有各项扎实功底和良好素质的回族文化出版工作人才队伍，是做好回族文化出版工作的重要保证。制定人才培训规划，坚持以提高回族文化出版人员的理论水平和专业技能为重点，把短期培训、学历教育和高精尖人才培养结合起来，加强教育培训，不断壮大队伍，优化队伍结构，着力培养学科专业骨干，促进回族文化出版工作的深入开展。

(四)建立"回族文化图书出版信息中心"，加快优秀回族民间非物质文化遗产的保护和抢救工作

宁夏作为回族自治区，建立回族文化图书出版信息中心，收集全国乃至世界的回族文化图书出版信息，以全面了解和掌握回族图书出版的基本状况，为回族群众和文化研究工作提供全面准确的信息资源。

建立"回族文化图书出版信息中心"的目的主要是汇集翻译、出版、研究的成果，收集一些具有代表性的回族文化文本，让更多的人全面了解回族情况。同时，展示党的民族政策和少数民族文化研究工作的成就。"回族文化图书出版信息中心"通过现代科学技术手段，促进回族图书出版数字化、网络化建设，利用网络技术，促进国内外文化交流，推进回族文化

图书出版管理信息化进程，建设具有国际影响力的回族文化网站，搭建信息交流平台，实现回族文化图书出版管理的数字化。

回族民间口传艺术是我国各民族民间文化的活宝库、活化石，是活着的历史，是一笔珍贵的非物质文化遗产。一旦传承人故去，所掌握的口传艺术也将随之消失。组织一定的人力尽快搜集、整理民间艺人的口传资料，建立和完善具有一定规模的少数民族口传古籍音像资料库，整理出版一批回族口传艺术声像出版物。比如回族"花儿""剪纸"等。

(五)加大对图书管理制度的宣传和对民族用品市场的监管力度

繁荣和发展回族文化事业，是一项长期而重大的战略任务，是一个宏大而复杂的社会系统工程。要统筹推进回族文化市场建设和管理，必须坚持"一手抓繁荣，一手抓管理"，建设繁荣、规范、有序的文化市场，抵御外来有害思想和文化渗透，切实维护地区的文化安全和社会稳定。

一要加大对图书管理制度的宣传力度，大力宣传图书管理工作的重要意义，使其得到全社会的广泛重视和大力支持，培养公众的图书销售、购买正版图书的保护意识，共同开创图书出版管理工作的新局面。

二要依法规范民族用品市场图书流通秩序和经营行为；加强图书销售行为的审核备案工作；在有关部门配合下，严厉打击盗版等违法犯罪活动，加强图书的审核、监管。

二〇〇九年六月十九日

宁夏出版如何实施"走出去"战略

"走出去"是我国文化发展和繁荣的一项重大战略，新闻出版总署提出，到2020年要把我国由新闻出版大国建设成新闻出版强国，要实现这一宏伟目标，"走出去"战略就显得尤为重要。在这种发展的大背景和大环境下，宁夏出版业要主动适应国家发展战略的要求，坚定"走出去"的决心，在时代的大潮中发展和提升我们自己。但是，在具体实施"走出去"战略的过程中，我们要充分认识到存在着四大主要风险：一是在投资之前有风险，不一定能选好准确的项目；二是运作过程中存在着风险，不一定能够运作成功；三是贸易合作过程中存在风险，不一定对我们绝对有利；四是在法律的层面上存在风险，要熟悉国际出版和版权贸易的相关法律法规，准确细致地签订合同。因此，我们要在积极地"走出去"的同时，必须要高度的关注和合理地规避每一个风险。

就目前宁夏出版的实际来看，每一个"走出去"的项目首先要考虑的问题有三点。

第一，是该项目国外有没有这个需求，是不是有"走出去"的良好基础。我们需不需要"引进来"，"引进来"的需求和效益是什么。

第二，是该项目"走出去"对我们有什么好处。要基于我们自身发展的水平和经济实力来考虑，我们自己是不是有这个能力，"走出去"以后到底给我们现有的生产有没有增值，有没有效益，一定要在投资之前全面深入地分析有关情况，不能纯粹把"走出去"变成政治性的问题，要努力做到社会效益和经济效益的双赢双效，不考虑这一点，就会办成"砸钱没响声"的事儿，对我们的发展不利，甚至带来损失。

第三，是该项目在实施过程中，要考虑人力资源的储备和现有管理团队的整合，制定目标和责任管理等等一系列重要的细节问题，这些问题一定要处理好，处理不好的话，"走出去"战略就无法真正实施，即使再好的想法也会大打折扣，甚至最后会失败。真正的挑战和实力是人才，人才是软的资产，软的资产是智力、是团队，是协作精神，这就是在当下激烈竞争中谋求发展和做最大赢家的能力，我们靠什么人来做事情，这是我们"走出去"面临的最大的，也是最现实、最需要迫切解决的问题。

本文主要就实施"走出去"战略中"我们向哪里走？我们去做什么？我们怎么去做？我们靠谁去做？"进行一些探讨，不妥之处，敬请批评指正。

一、"走出去"的对象是谁

我想"走出去"的对象应当是全方位的，针对我们宁夏和我集团的实际情况，我们的"走出去"战略不仅仅是指走出国门，还应该首先涵盖走出宁夏、走向全国的内容和要求，要把眼光放在宁夏区域之外，加强与发达地区的联系，进而拓展和加强国际间的交流、合作与贸易。

走出国门主要有三个方面：一个是针对西方发达国家；一

个是针对俄罗斯和东欧国家；还有一个是针对阿拉伯国家。这些国家都有自己的特点和长处，都应该是我们"走出去"的对象，但我认为根据我们宁夏的优势和特点，更应该注重与阿拉伯伊斯兰国家的文化交流与合作，这里有很多文章可以做。我们一定要紧紧抓住这方面的机遇，而且我们宁夏在这方面已经打下了良好的基础。

二、"走出去"的基本内容是什么

我们作为出版单位，作为改制后的文化企业，追求效益的最大化是我们的目标，因此，我们实施"走出去"战略的内容，不仅仅是强调要发展对外图书贸易，更要充分利用外资和各种形式的对外经济合作与交流，利用两个市场、两种资源，走开放型文化经济发展道路。不仅要扩大对外的图书贸易，而且要努力吸引外省（区、市）的文化公司、外国出版社、个人等投资合作。同时，还要考虑利用外省（区、市）和外国智力，请一些外来人才来参与我们的选题和项目策划，开发我们具有独立自主的知识产权项目。

三、"走出去"的方式

（一）"摸着石头过河"，循序渐进地实施"走出去"

如何有步骤地"走出去"，减少投资的风险，是一个重要的战略问题。因此，根据社情采取渐进式"走出去"策略。我们必须首先考虑自身的生存和发展的问题，在确保自身的图书生产基本能保障自身生存经费，站稳脚跟，打牢基础的前提下，先选择可以走出去的图书进行图书贸易，然后进行选题策划，逐步扩大拓展，直至实现全方位的"走出去"战略目标。

1. "走出去"的起始阶段

首先要高度重视实施"走出去"战略这项工作，配备力量，组建机构。考察"走出去"项目要花费很大精力和时间，尤其在起始阶段工作的难度很大，所以，要在现有的基础上组建专门的机构，配强力量，强化国际交流合作部的职能和作用，明确其应承担的责任，并为其提供良好的工作条件和宽松的环境，除了集团一定的任务减免和支持之外，要鼓励国际交流合作部办公室充分发挥与国内发达地区、国际间交流合作中的积极作用，允许其采取灵活的方式趟路子，拓渠道，拉选题，选项目，用资金。

2. "走出去"向国内推进阶段

实施"走出去"战略的推进阶段，要适当侧重于国内市场，从与国内文化公司和国内出版社的合作起步推进，逐步开发和形成具有我们自主知识产权的"走出去"项目。一是在全国范围选取两三个大的具有实力的文化公司作为合作伙伴，实行特殊政策和优惠措施，进行图书出版的合作，学习他们的先进经验，掌握他们的作者资源和选题策划方法。主要是在合作和谈判过程中提升自己的各种能力，规避前面所提到的四大主要风险。二是充分利用我们加盟中国出版集团的优势，和中国出版集团以及国内一些著名出版社进行图书出版和选题的合作，共同实施"走出去"战略，这样能够较为迅速地扩大我们的实力，提高我们的知名度，同时可以减少我们自己所承担的风险。

3. "走出去"向国际全方位开放拓展阶段

实施"走出去"的战略需要世界眼光，是建设新闻出版强国的必由之路，因此，我们要紧盯国内和国际两个市场，不仅要走出宁夏，还要"走出国门"。我们在"走出去"的领域，要由传统的图书贸易向选题策划、发行营销扩展，大力开拓国际市场，尤其是中东阿拉伯伊斯兰国家市场。要充分发挥宁夏回族自治区的回族和伊斯兰文化特色与优势，拓展和加强与阿拉伯伊斯兰国家的交流合作。

（二）"走出去"与"引进来"相结合

国际交流合作部要充分发挥牵头协调的作用，多层次、宽领域、深层次地参与分工与合作，充分利用集团宁夏人民出版社、阳光出版社、教育出版社的资源和国内外的各种资源，加快"走出去"的发展步伐。

目前宁夏人民出版社已经出版了一批具有回族伊斯兰文化特色的图书，我们连续搞了很多年，基本形成了我们的品牌，优势明显，对于阿拉伯伊斯兰国家图书市场来说有着很大的潜力；国家"中阿博览会"在宁夏设立永久性会址的机遇为我们提供了良好的国内、国际环境支持，这些都是我们实施"走出去"战略的有利条件。对内我们要依靠宁夏人民出版社民族历史编辑室，对外要依靠有关回族伊斯兰文化的学者、专家、研究人员，挖掘和筛选好的选题，做到成熟一个"走出去"一个。

在"走出去"的同时，我们还应该适当的"引进来"，引进阿拉伯伊斯兰国家的有关图书和文化产品，拓宽文化交流与合作的范围、渠道，做到互惠互利。也要通过"引进来"的方式来扩大我们的影响力，通过引进一些优秀图书产品产生积极的影响，以达到经济效益和社会效益的双赢，达到我们和国际间的多赢。

(三)积极有效利用各种资源实现"走出去"

积极有效利用各种资源是我们实现"走出去"战略目标的重要手段和途径，也是"走出去"的必不可少的条件。我们必须要充分利用的主要资源有资金资源、人力资源、政策资源等。

资金资源主要有国内和国外资源。在利用外资方面，我们要打消疑虑，坚定大胆利用外资的信心，在国家法律法规和政策允许的范围内，为外国资本敞开大门，使外资发挥积极作用。除了投资外，还可以接受国际出版机构和外国政府的援助，利用外资领域不断拓宽发展的渠道和途径。我们应该与更多国家和地区寻求更广泛领域、更深层次的合作，实现互利共赢、共同发展。国内资金最主要的是要努力争取国家和地方政府的资助项目，抓住各种机遇，谋求发展。另外我们还要充分利用中国出版集团、各个文化公司、各种文化单位等的一些发展项目。

人力资源主要是作者资源、编辑校对资源和一些主要文化单位的项目负责人。这是形成"走出去"图书及文化产品的很关键的因素，也是最具有发展潜力的因素。我们还要尽可能地建立广泛的外围各种人力资源，做好人力资源的储备工作。

政策资源主要是要努力争取和充分利用国家和地方政府的一些相关政策支持，特别是文化优惠政策和金融支持政策。要注意研究国家和地方政府的相关政策，及时抓住政策机遇，来实现我们的发展。

四、靠什么"走出去"和"引进来"

我们必须坚持不懈地实施"走出去"战略。一要充分认识到全球化需要我们"走出去"，"走出去"是我们建设新闻出版强国的必由之路。二要密切关注国内外市场需求的变化，及时调整自己图书出版和营销策略，调整图书品种结构，调整图书"走出去"和"引进来"的具体实施计划，从而提升我们的竞争力。三是要不断开拓新市场与努力挖掘市场潜力并重，促进与阿拉伯伊斯兰国家图书贸易，深挖与国内发达地区的合作潜力，深化双方在选题策划、图书出版、发行营销等传统领域合作，实现全方位、多层次的国际贸易和国内合作，开阔出版产业的新格局。

营销竞争实质上是品牌之间的竞争，是品牌优势的竞争。拥有市场唯一的方法是拥有占领市场主导地位的品牌。而一个品牌的形成不是一朝一夕的事情，也不是一两个人的事情，而是一个团队长期打造的结果。所以，我们要依靠已经初步形成的品牌和现有的各种资源，不断加强优势资源的利用和人才培养。主要应做好以下几个方面。

（一）要依靠宁夏回族伊斯兰特色，依靠西夏文化特色。这是宁夏人民出版社已有的品牌影响力，要与已有的作者和民族编辑室联合，整合原来的图书产品，形成规模体系。同时要致力于开发新的选题，生产具有前瞻性、创新性和市场效应的图书产品。

（二）要团结专家作者。要使图书产品有"走出去"的实力，必须要有专家型的作者队伍。要组织编辑人员积极参与一些学术会议，学习和了解学术前沿思想，主动联系和组织专家进行选题策划开发与创作。

（三）要加强集团各出版社之间及各个编辑室的优势编辑力量的合作。充分利用我们的优质资源，在图书生产过程中优化和提升图书的品质。

（四）要培养专家型的选题策划和项目策划人才。一个项目是否能成功"走出去"或者"引进来"，首先选题策划和项目策划人必须要有敏锐的洞察力，要具有一定的专业水平。

（五）要注意培养和引进版权贸易的专门人才。在实施"走出去"战略和"引进来"工作的过程中，必然要涉及到版权贸易问题，而要做好版权贸易，人才的选择和培养非常关键，这已是业内人士的一种共识。我们对版权贸易人才的素质要求不能有简单化的认识，认为懂外语、法律就可以做版权。虽然语言是进行版权贸易的前提，但是一个胜任的版权贸易人才不仅要及时了解海外的出版动态、畅销书的动向，准确地分析出海外读者的阅读倾向及畅销书流行的原因，而且要对国内出版有较好的把握，能够准确地选书，知晓图书的出版成本和流程以便精确报价，以及能够做出"走出去"和引进后的销售计划。

（六）要培养专业性的谈判高手。谈判不是翻译，合同语言的严谨依靠对出版专业知识和相关法律知识的深刻认识。谈判人才除了掌握语言的基本工具外，更重要的是学习出版专业的理论与实务，必须高标准的通过国家的编辑资格考试。对国内外相关的出版法律法规、共同条约有清楚的了解。

改革和对外开放的春风为我们扬起了风帆，是我们前进的强劲动力。只要我们坚持不懈地大力实施"走出去"战略，相信我们搏击市场、扩量增效、奋发图强的目标一定能够实现，我们的前景会更加灿烂辉煌。

二〇一〇年十月二十日

宁夏图书版权贸易现状、问题及措施

"走出去"战略是党中央、国务院作出的重大决策。出版"走出去"从政治上讲，是提高中华文化的国际渗透力、影响力和国家软实力的需要，是"一把手"工程；从经济上讲，是积极参与国际竞争、争夺国际市场、打造出版强国的需要。参与国际竞争、增强产业实力、提升国家文化软实力已经成为中国新闻出版业改革与发展的重要组成部分。为推动我国"走出去"，政府部门出台了一系列鼓励政策。

黄河出版传媒集团虽地处西部地区，经济欠发达，但是对文化建设非常重视，自治区提出了"小省区也要办大文化"，集团领导于2010年就建立了"走出去"办公室，充分利用宁夏与阿拉伯国家人文相近、地缘相通、商脉相连的优势，尊重文化多元多样，结合我国对外援助项目，有针对性地开展了与阿拉伯国家的文化交流活动，充分发挥优势加强中国与阿拉伯国家出版机构桥梁纽带作用。经过四年来不断开拓，从"零"起步，在国内外产生了重大影响力。

一、宁夏图书版权贸易现状

（一）确立宁夏版权贸易步骤

"走出去"的对象应当是全方位的，针对宁夏的实际情况，我们"走出去"战略首先涵盖走出宁夏、走向全国的内容和要求，把眼光放在宁夏区域之外，加强与发达地区的联系，进而拓展和加强国际间的交流、合作与贸易。

走出国门主要有三个方面：一个是针对西方发达国家；一个是针对俄罗斯和东欧国家；还有一个是针对阿拉伯国家。根据宁夏的优势和特点，首先注重与阿拉伯国家的文化交流与合作。

（二）充分利用国家项目支持

因为宁夏回族群众对伊斯兰回族文化图书的需求，在民间有大量非法出版物，2009年，我们通过对全区宗教场所、回族文化研究机构、伊协、阿语学校、穆斯林文化用品商店的调研，向总署申请出版回族群众需要的阿拉伯文字图书，并列入民族文字资金资助项目。连续3年来，得到了总署民族文字资金的大量支持。同时，这些图书可以直接输出阿拉伯国家地区，极大地推动了版权输出工作。图书在输出版权后，同时，还可以得到国家对外推广项目和经典工程项目的支持。

（三）形成了图书版权贸易的四大板块

图书版权贸易是宁夏版权输出的先锋队。2010年，黄河出版传媒集团成立了"走出去"办公室，短短四年间，签订版权输出达138种，已有14种图书在海外正式出版。目前，基本形成了四大板块。

1. 伊斯兰回族文化图书。

宁夏版权输出确立了以中东阿拉伯国家地区为"走出去"第一步的主要地区，积极利用原宁夏人民出版社长期来形成的伊斯兰回族文化特色品牌优势，策划了一些易于被中东阿拉伯国家地区人民接受的图书，作为双方交流沟通的基础。已在埃及、伊朗、马来西亚等出版了《简明伊斯兰教史》《中国伊斯兰建筑艺术》《回族历史文化简述》等5部，增进了双方友谊和了解。尤其像王正伟主席主编的《中华回族爱国英才》版权输出埃及和伊朗，对宣传中国回族群众爱国、中国民族政策及中华民族和谐、团结等起了积极作用。

2. 文学图书。

随着莫言获得诺贝尔文学奖，中国文学在海外形成了一股热潮，宁夏顺势推出了《中国宁夏穆斯林作者小说丛书》共十册，立即全部被埃及大学出版社购买了全部的版权。其他一些国家也纷纷要求我们推荐更多的小说作品。

3. 少儿图书。

宁夏版权输出就是以少儿图书《二三班四大天王》为突破口的。阿拉伯国家对少儿图书的重视程度很高，在2011年初了解到这个情况后，宁夏版权贸易人员马上策划了一套《中国经典故事动漫丛书》，2011年北京图书博览会上，3本样书一露面，立即被突尼斯儿童图书出版社预定了阿语和法语的版权。在2011年和2013年的中阿版权贸易洽谈会上，少儿图书一直是最大的版权输出类图书。

4. 传统文化。

中国的传统文化一直是中国版权输出的主要支撑部分，宁夏也不例外。黄河出版传媒集团翻译了《三字经》《孙子兵法》于丹《〈论语〉心得》等。

（四）启动"中阿互译工程"

在2011年中阿版权贸易洽谈会上，宁夏启动了"中阿互译工程"，2012年，该项目列为国家重点文化项目。2013年，该项目图书翻译已经开始交稿,即将陆续进入编辑出版流程。

(五)成功举办"中阿出版合作论坛暨版权贸易洽谈会"

当前,中国政府把发展文化产业作为中国加快经济发展方式转变的重大战略,在这个战略框架下,鼓励中国图书"走出去",把国外的优秀图书"引进来"。这既是中国出版业自身发展的需要,也是全球化背景下推动中外文化交流和世界各国出版业共同发展的迫切需要。宁夏是中国唯一的回族自治区和最大的穆斯林聚居区,伊斯兰文明是宁夏回族与阿拉伯、伊斯兰国家穆斯林的共同信仰和追求。宁夏充分利用与阿拉伯国家及穆斯林地区的血缘、地缘和情缘关系,发挥比较优势,努力开拓"走出去"工作的新局面,成功举办了两届"中阿出版合作论坛暨版权贸易洽谈会",使图书与版权贸易取得新突破,以版权贸易洽谈会架起中阿文化交流的新桥梁。为中阿人民互相了解,为传播中华文明和阿拉伯文明搭建了平台。

二、存在的问题和困难

(一)出版企业实力不强,缺乏"走出去"动力

因为转企改制,经济指标成为考核编辑的一个重要指标,而出版集团对各出版社的考核并没有与"走出去"工作挂钩,各出版单位没有明确负责"走出去"工作的人员。集团负责版权输出的部门没有经费来源,也没有出版权利,"空手套白狼",版权输出图书的可操作性与"走出去"现实差距大,难以将版权输出及时落到实处。

(二)缺乏外向型图书选题的策划

出版集团各出版单位以自费书为主,市场图书少,而有针对性的策划"走出去"图书几乎没有。以前"走出去"办公室

连续3年针对版权输出申报了民族文字项目,但是现在,在出版环节的衔接上出现了问题。申报国家资助项目必须各出版单位法人签字并由出版单位负责出版,各出版单位为完成当年经济任务,不愿意策划、编辑出版外向型选题图书。"巧妇难为无米之炊",这是制约版权输出的一个重要原因。

(三)图书编辑审读流程不畅

因为针对中东阿拉伯图书市场,图书内容牵涉到宗教、民族问题,一是编辑一般不轻易接手这类图书;二是复审、终审人员少,有的领导不清楚宗教民族政策,害怕出事情承担责任,不敢再送宗教局的审读单上签字;三是送宗教局、国家民委审读时间延长,成本费用增加,也是编辑不愿意做这类图书的一个重要原因。

(四)版权贸易人才缺乏,人员不稳定

在宁夏版权贸易"走出去"从零开始阶段,版权贸易人才缺乏,对国际市场了解不足,宁夏出版的适合输出版权的图书非常有限。版权输出工作从选题策划、联系作者、书稿编辑、联系翻译、排版设计、出版到联系版权输出,最初都由版权贸易人员承担,比一般编辑压力大,工作辛苦,但是不被理解,工资低,奖金少。尤其社会上阿语人才缺乏,三年间,负责版权贸易的阿语人员年年更换。

(五)对版权贸易人员的培训和孵化力度不够

国家对"走出去"工作重视程度很高,搭建了很多平台,但是地方政府和出版集团对"走出去"工作的重视程度不够,一些国内外书展、文化交流活动基本没有版权贸易人员参加,一些外事培训和版权会议也不派版权贸易人员参加。出版集团的样书也没有版权部门的,版权贸易人员连出版了什么书籍都不知道。

三、加强"走出去"工作的措施

当我们做大做强出版产业,寻求出版业繁荣发展的同时,更应该牢记出版人的文化使命和文化责任,增强文化自觉性。香港一名知名学者说过,好编辑不能单靠经济条件培养,他的才干是基于文化理想累积起来的。温家宝同志说,一个民族"既要关心脚下",也要"仰望星空",否则,便是一个没有前途的民族。新闻出版业是我国国际传播能力建设的一支重要力量,宁夏有对阿拉伯国家得天独厚的条件,国家也高度重视宁夏的对外辐射影响力,将中阿博览会永久落户银川,宁夏的出版业应该肩负起对阿拉伯国家地区文化交流的桥头堡责任,积极采取措施加强"走出去"工作。

(一)明确责任和权利

2012年,作为"一号文件"的《关于加快我国新闻出版业走出去的若干意见》(以下简称《意见》)出台,对推动新闻出版企业走出去具有很强的指导意义。《意见》明确提出"走出去"工作是"一把手"工程,对出版单位的等级评估办法中在原有"版权输出数量"指标上,增加新闻出版产品与服务出口年收入、从事国际业务拓展人员数量两项"走出去"指标,并增加全重比例,在"十二五"重点出版物选题规划中增加"走出去"选题的数量和品种。这关系到出版单位的考评等级,尤其宁夏现在还没有一家出版社达到二级,高校的一些项目图书根本无法在宁夏的出版社出版。出版集团应该将"走出去"工作纳入对出版单位的考核中。

同时,《意见》对编辑个人的考评也有规定,要求新闻出版单位高级职称评审条件中增加"走出去"的相关考评内容。但是宁夏的职称考评一直没有人关注总局的这一规定。

对这些问题的不重视,权利和责任的不明确,也是各出版单位和编辑对"走出去"工作漠视的原因。所以,首先要明确责任和权利,调动出版单位和编辑参与"走出去"工作的积极性。

(二)借力国家政策、平台和重大项目

宁夏版权贸易要积极主动,更要借力国家政策、平台和重大项目。国家政策很多,如2007年,原新闻出版总署出台了8项走出去优惠政策;2011年又出台了《新闻出版业"十二五"时期走出去发展规划》,制定了"十二五"时期走出去的目标和任务;2012年,《关于加快我国新闻出版业走出去的若干意见》有针对性地提出了支持新闻出版业走出去的10项行业新政策;等等。

主要有三大平台:北京国际图书博览会、重要国际书展上开展中国主宾国活动和参加诸多国际书展,搭建走出去书展平台;以国际新闻出版资讯库、版权交易信息库、重点项目库、中外作家库和翻译人才库五大数据库为主体,构建走出去信息服务平台;通过实施走出去人才培养计划,与国外重要出版传媒集团和相关高等院校合作,形成走出去人才培养平台。

重点有六大工程:经典中国国际出版工程、中国出版物国际营销渠道拓展工程、重点新闻出版企业海外发展扶持工程、重点企业走出去项目、中国图书对外推广计划、中外图书互译计划和边疆新闻出版业走出去扶持计划。

(三)积极策划选题,加强"走出去"品牌开发

宁夏要用好各类专项扶持资金,积极申报国家文化产业发展专项资金、文化产品和服务出口中央奖励资金、国家出版基金、中小企业扶持资金,争取地方配套政策和资金扶持。在此基础上,努力做到以下四点。

1. 借船出海,实现产品输出。

针对输出地市场需求策划选题,利用项目支持,直接生产图书实现产品输出。

2. 造船出海,实现品牌输出。

针对出版单位的出版特色策划选题,利用项目支持,实现品牌输出。

3. 连船出海,实现规模输出。

联合出版集团各子分公司,策划选题,从图书、刊物、数字等全方位输出同类选题不同产品。

4. 画船出海,实现合作共赢。

了解我国和输出国市场供求情况,策划"走出去"和"引进来"选题,中外出版机构合作出版,实现合作共赢。

(四)继续办好"中阿出版合作论坛暨版权贸易洽谈会",向会展形式发展

"中阿出版合作论坛暨版权贸易洽谈会"是中国面向穆斯林国家和地区的出版合作交流会议,它使中国和穆斯林国家的交流从经贸的合作交流扩展到了图书出版的合作交流,是阿拉伯国家、穆斯林地区出版机构与中国出版机构进行面对面的交流,也是把文化产业纳入中阿博览会的盛会,应该把它办成中国和穆斯林国家图书出版领域最高级别和最具影响力的国际合

作盛会。同时，适应市场化，应该想法把洽谈会办成一个多层次、全方位的会展，扩大和发展洽谈会的影响力。

（五）由单一图书版权贸易向全方位"走出去"发展

密切关注国内外市场需求的变化，及时调整图书出版和营销策略，调整图书品种结构，调整图书"走出去"和"引进来"的具体实施计划，从而提升我们的竞争力。要不断开拓新市场与努力挖掘市场潜力并重，促进与阿拉伯国家图书贸易，深挖与国内发达地区的合作潜力，深化双方在选题策划、图书出版、发行营销等传统领域合作，实现全方位、多层次的国际贸易和国内合作，开阔出版产业的新格局。一方面，改善版权输出内容结构、语种结构、区域结构，扩大版权输出规模。另一方面，支持有实力的企业在电子书、电子书包、云出版等新兴业态领域，研发一批具有自主知识产权、国际技术领先的数字出版产品进军国际市场，推动更多数字出版产品走出去。同时，加快实施品牌战略，以重点项目和重大工程推动更多实物走出去。

宁夏的版权贸易目前是图书走在了前面，但是，"走出去"的发展是全方位的，在期刊、报纸、印刷服务、数字出版等方面，都要尽快实现"走出去"。今年，民族文字出版资金资助了我区一家民营印刷企业用先进技术设备加快升级改造，提升服务质量，推动印刷服务，印刷企业也可借中阿博览会的有利契机，实现印刷服务的"走出去"。

（六）强化版权贸易人员培养，大力扶持"走出去"工作

1. 要培养专家型的选题策划和项目策划人才。

一个项目是否能成功"走出去"或者"引进来"，首先选

题策划和项目策划人必须要有敏锐的洞察力，要具有一定的专业水平，能把国家政策和市场需求有机结合起来，开发新的选题，生产具有前瞻性、创新性和市场效应的图书产品。

2. 要建立专家型的作者队伍，建立国际翻译人才库。

要使图书产品有"走出去"的实力，必须要有专家型的作者队伍。要组织编辑人员积极参与一些学术会议，学习和了解学术前沿思想，主动联系和组织专家进行选题策划开发与创作。建立国际翻译人才库、开设翻译人才培训班，有计划地培养一批具有国际视野、通晓东西方文化、熟知国外读者思维方式、阅读习惯和语言特点的国际翻译人才。

3. 要注意培养和引进版权贸易的专门人才。

要做好版权贸易，人才的选择和培养非常关键，这已是业内人士的一种共识。我们对版权贸易人才的素质要求不能有简单化的认识，认为懂外语、法律就可以做版权。要选拔一批优秀业务骨干通过出国培训、到国外知名企业深造等方式，加强对国际版权贸易人才的培养。支持高层次、高技能人才参加国外重点领域专业培训，参与国际合作项目实施，培养一批跨国经营管理人才和高级专业技术人才。

4. 要培养专业性的谈判高手。

谈判不是翻译，合同语言的严谨依靠对出版专业知识和相关法律知识的深刻认识。谈判人才除了掌握语言的基本工具外，更重要的是学习出版专业的理论与实务，必须高标准的通过国家的编辑资格考试。对国内外相关的出版法律法规、共同条约有清楚的了解。

(七)处理好资源投入和资源合理分配的关系

宁夏在版权"走出去"方面,资源投入不足和资源浪费两个现象同时存在。资源投入不足一方面在于出版企业争取项目资金不够主动积极,另一方面在于地方政府投入不够。资源浪费的原因在于"走出去"的权责不统一,不能够有效地利用项目资金,节约各种成本,没有发挥以项目带动项目,使其发挥社会效益和经济效益的最大化。因此,要想方设法增加"走出去"的资源投入,同时应注意资源配置的合理性,最大程度地避免由于资源配置的不合理形成的资源浪费。

经过四年的努力,宁夏新闻出版业正在越来越深刻地影响着阿拉伯世界。我们将借十八大的政策东风,在中阿交流中担当起文明对话的使者和出版合作的先锋,为实现向西开放,深化中阿全面合作,进一步扩大中华文化在海外的影响力做出积极贡献!

二〇一三年十一月

如何加强编辑人才的培养

经济时代的到来,人才资源成为第一资源。在出版业进入市场化、国际化的今天,各出版社要在激烈的竞争中谋求生存与发展,归根结底取决于人才的竞争。编辑活动作为出版活动的起点和中心环节,编辑人才的数量和质量是出版社最坚实的基础,也是出版社发展的根本保证。我认为,要拥有编辑人才最根本的途径是出版社通过各种方式的培养来提高自身人才的素质,而不是挖兄弟单位已有的人才,要充分认识到培养编辑人才资源的重要性和迫切性。本文试就如何加强编辑人才的培养浅谈一些看法,愿与大家商榷。

一、加强编辑职业素质教育,是培养编辑人才成长的根本动力和思想保障

编辑的职业素质分别表现为职业追求、职业敏感和职业作风。在工作中,编辑的职业素质从老编辑身上一点一滴地体现出来。但是,一个新的编辑人员还是应该接受专门的、系统的编辑职业素质教育,明确一个具有良好职业素质的编辑,应该以推动文化发展为己任,具有编书育人的读者意识、为人作嫁的作者意识、文心雕龙的书稿意识、不断更新知识的成才意识、不断超越的自主创新意识、高瞻远瞩的交流与合作意识、广聚厚积的博采意识、打造精品的专业意识和一丝不苟的求实作风。只有在明确了职业素质的要求之后，才能使自己在编辑行业中的成长有明确的奋斗目标和力量源泉。

加强编辑职业素质教育，不仅仅是通过职称考试的方式来迫使编辑表面化地了解一个编辑应具有什么样的职业素质，而是要由上级行政单位、出版社进行定期的专题讲座，或者有针对性地就某一方面的问题，进行集中时间、集中地点、集中人员的培训。除了加强业务培训之外，还应该加强对编辑人员的思想教育工作，特别是进行有关方针政策的教育、遵纪守法的教育和职业道德教育。

二、实行"传、帮、带"制度，是培养编辑人才迅速成长的基础条件

在工厂的车间，每一个新进人员首先是作为一个学徒，由一个或几个专门的师傅进行技术指导，在相当长的时间内，新工人是不能独立进行操作的。虽然编辑不是从事物质产品生产的，但编辑的劳动产品是为了满足人们精神文化需要，要起到增长人们知识、提高人们素质、提高劳动力再生产的质量和传承知识、传播文化的作用，因而，编辑的劳动产品更需要有严格的质量保障，容不得一丝一毫的马虎。

每一个新进入编辑行列的人员，在一定时期内都应该由一个或几个长期从事编辑实务、有丰富经验、有较高职业操守的老编辑进行指导，从理论和实践上进行具体的"传、帮、带"，以便于新人员迅速熟悉编辑的业务和基本职业技能。新人员还应积极主动地向周围各个部门的老同志请教，以便尽快熟悉整个编辑、出版流程。

三、掌握计算机技术和现代出版技术，是现代编辑人才必须具备的基本技能

随着计算机技术、电信技术、激光存储技术的迅速发展和出版行业的发展强大，计算机通信、编辑专家系统、激光精密照排等高新技术广泛应用于编辑、排版和印刷，走多媒体互动的道路成为现代出版的一个发展方向。编辑在工作中会大量涉及计算机方面的知识，传统的编辑观念和编辑模式面临着巨大的冲击和挑战。特别是在电子版杂志与电子网络出版产生、发展的今天，编辑人才中掌握计算机技术和现代出版技术的人才还相当匮乏，不能满足时代的需要，各出版社在加大技术改造资金投入、加强质量管理、拓展图书市场的同时，应分期分批对编辑进行高科技专业培训，掌握计算机管理、排版系统的应用和网络通信技术的实际操作，以适应高新技术发展对编辑专业能力要求转变的需要，进一步提高出版社的编辑效率和编辑质量。

四、重视对编辑传统劳动技能素养的培养，是培养编辑人才的关键环节

计算机技术和现代出版技术是现代编辑人才必须具备的基本技能，而编辑传统的劳动技能始终是编辑素质的核心要素，是编辑成为编辑人才的关键。传统的劳动技能主要有语言文字能力、研究鉴别能力、开拓创新能力、组织加工能力等。

语言文字能力是编辑基本功的基础。没有一流的语言文字功底，就难有严谨的分析、加工和写作能力，就无法对作者的原稿进行"凿璞成玉、凿玉成器"。没有研究鉴别能力，就难以从作者中、稿件中发现璞玉，所谓"巧妇难为无米之炊"，

就无法全方位地、高效率地捕捉和采集信息，就无从主动策划选题，引导读者，更谈不上用先进的文化服务社会。

创新是一个民族进步的灵魂，创新也是出版业和编辑人才发展的灵魂。编辑如果缺乏开拓创新能力和组织加工能力，就会造成严重的雷同、跟风，给读者提供似曾相识、似是而非的出版物，无法满足知识经济时代新知识层出不穷，读者终身学习理念的新形势。人才的数量和质量，特别是创新人才的培养、选拔和任用决定着一个出版社的兴衰成败。出版社要立足长远发展就必须培养一支锐意创新的编辑队伍，为出版社实现可持续发展打下坚实的基础。

培养编辑传统劳动技能素养的主要途径，可以采取学历教育、进修、自学、多逛书店，参加各种书市和学术活动、国际交流等多层次多形式、多规格的方式，从知识理论、理念、视野等方面不断提高和拓展编辑的劳动技能。

五、不断加强文化素质的培养，是编辑人才持续成长的前提条件

不断加强文化素质的培养，一是时代提出的要求。知识经济最重要的资源就是知识。随着知识经济时代创新知识层出不穷，交叉、边缘、新兴学科纷纷涌现，科技发展日新月异，社会呈现出多元化的观念和文化需求，公众科学文化素质的提高等等，这些对编辑文化素质的要求大为扩展和增强。编辑要不断调整、优化自己的知识结构，增加信息储备、掌握科学发展的相关情报，把出版学术经典、引领学术发展，通过繁荣技术来促进经济发展、社会进步与文化建设作为追求的最高目标。

二是出版工作自身的要求。出版对社会发展具有巨大的能动作用，这种作用对社会的政治、经济、科技和文化等各个领域的发展都产生着相当深刻的影响。我国出版工作的根本任务，是促进社会主义先进生产力和先进文化的发展，满足人民群众日益增长的精神文化需求。具体来说，主要有：宣传马克思列宁主义、毛泽东思想、邓小平理论和"三个代表"重要思想；传承和积累有益于提高民族素质、有益于经济发展和社会进步的科学技术知识；弘扬民族优秀文化；促进国际文化交流；丰富和提高人民的精神生活。由此可见，编辑工作是文化工作，编辑劳动是精神劳动，不具备一定的文化素质是不可能胜任的。此外，编辑不能停滞于原有知识结构和能力之上，还必须不断汲取和更新知识，这样才可能紧跟当前知识经济时代日新月异的变化，满足读者的要求和引领文化导向，才能对社会发展起到促进作用。

总之，编辑的文化素质，除了具备基本的理论修养、扎实的专业训练、开阔的知识视野、深厚的语言文字功底之外，良好的思维方式、广泛的阅读兴趣和科学的学习方法以及对现代科学有关知识的了解，是一个编辑人才持续成长的前提条件。

要加强编辑文化素质的培养，应鼓励和支持编辑继续深造，取得多种专业文凭，广泛阅读各类书籍，听取各种讲座，及时了解世界各类新闻和新的人文、自然知识。

六、提高审美艺术素养，是编辑人才趋于完善的必要条件

审美艺术素养包括审美感受力、判断力、想象力和创造力等，习惯上又称为艺术鉴赏力。应该说这种提法并不确切，因为审美艺术素养的核心是想象力和创造力，而不仅仅是艺术鉴赏。随着生活水平不断提高，公众对出版物的要求也越来越高，出版物不仅要帮助人掌握知识、提高思想，也应该帮助人提高审美情趣和审美感受力与审美创造力。

一种优秀的出版物无论内容还是形式都要满足和提高读者的审美感受力与审美创造力。出版物首先在装帧、版式等方面就要具备美感，让读者在众多的出版物中赏心悦目地迅速采撷到你的产品，从而才有可能在真正意义上发挥出版物的社会作用。

提高编辑审美艺术素养的主要途径有：阅读文艺评论，参观美术作品展览，观看现代动漫，感受大型音乐会，了解民族传统文化艺术等。

七、明确专攻方向，打造属于自己的品牌是编辑人才成熟的标志

社会越进步，科技越发达，行业越发展，其专业化标准也就越精细，专业化程度也就越深入。编辑要成为先进文化的实践者和传播者，必须及时抓住那些对科学发展、教育发展、社会发展和人的发展具有战略性、全局性、前瞻性的重大课题，如果对学科专业知识、研究动态、最新成就和发展趋势，以及与本学科有关的边缘学科、交叉学科没有一定的了解，是不可能出版具有原创性的具有学术传承意义的著作的。

编辑要树立精品意识，既要有广博的知识，更要有精深的专业知识。只有明确自己的专攻方向，打造出属于自己的品牌，才是一个编辑人才成熟的标志。编辑首先应给自己定位，确定专攻方向，出版社也要从整体出发，围绕本社的立社宗旨和出版特点，大力加强学科专业知识过硬人才的培养，给他们提供专业学习、交流的机会，眼光放长远一些，不要把一些学

术性的学习交流当作与出版活动没有直接关系的活动而拒绝编辑前往学习交流。

综上所述,一个有较高素质的编辑人才的成长,不只是编辑个人努力的结果,也不仅是编辑人员从业之前的文化积累的表现。更重要的是出版行政单位和出版社要对编辑从各个方面进行严格要求、培训和大力支持。

二〇〇六年八月二十日

聚焦 2008 年北京图书订货会

一年一度的北京图书订货会，素来被誉为出版界的"风向标"。2008 北京图书订货会展位总数达 1912 个，创历届之最。全国 600 余家出版单位的 12 万余种新书与读者见面。来自订货会组委会的统计显示，本届订货会共创码洋 21.3 亿元，同比往届指标有上扬。

岁岁年年书不同

每一届订货会都是出版社使尽浑身解数推介新书、展示精品的良机，今年的图书特色主要有以下几个方面。

一、奥运类题材的图书独领风骚

在本次订货会上推出的 13 万种新书中，奥运类题材的图书独领风骚，有 6000 种之多，不仅有人文类的，还包括经济、英语、旅游、中国文化等方面。春风文艺出版社还将这类"奥运书"专门命名为本年度的"1 号倡销书工程"，与配套的动画片相呼应，仅 9 号一天就发售出去 100 万册。

二、聚焦改革开放 30 年

有关改革开放 30 年的人文和社科类图书，也是 2008 年出版热潮中将要上演的一部大戏。像《科学发展观》还没有出全，订单就已经超过了两万。出版社在出版这类图书时，不再是单一地从宏观视野回顾国家发展历史，从区域经济变化看改革开放成就，而是兼顾老百姓的阅读喜好，从个人的视角发掘历史细节和故事。虽然这类书大多数还没有样书，仅仅是书目，但9号的订货总数已超过3000多万册。

三、名人传记纷至沓来，历史书"趁热打铁"

国际政坛的风云变幻始终是众多读者关注的焦点和热点之一。伴随着重大社会事件的发生，特殊历史时间点的到来，一些地位显赫、产生广泛影响的领袖人物传记，也自然成为了出版界的重点选题。

四、名家佳作迭出

文学书庞杂但少有亮点，但文学类书籍仍是最抢眼的亮点之一。2008年文学类图书市场上，出版社争打"名家牌"，"星级"名家原创成为各社推陈出新的一大卖点。如人民文学出版社打出了"四大名家领跑2008"的口号。

名家新作囊括了小说、散文、人物传记等丰富体裁，成为订货会上"专家荐书"活动中推荐给读者的主要书目。尽管表面看起来，文学类图书品种繁多，风光无限，但仔细端详，基本上没有几本发自内心想看的书，多数名家的新书依靠各自的名气在苦苦支撑。

五、实用类、生活类图书比重明显增加

近些年来，生活类图书异军突起，事关吃饭、穿衣、美容、服饰的图书因为实用性强、制作精美而获得女性读者的喜爱。在本次订货会上，这类书更是受到经销商的欢迎。有的出版社从展台到书目，几乎都是这一类图书唱主角了。理财书日

渐升温，生活书层出不穷，炒股书明显见少。随着个人投资的理性化和投资渠道的多元化，2008年的金融财经图书市场侧重于投机、技巧的"纯股票"书不再"一枝独秀"，更加务实、丰富的投资引导型理财图书将渐受追捧。在作家版税高涨、文学图书市场低迷的情势下，许多文学类图书出版人、出版社纷纷改行出版生活类图书。

六、军事题材作品比较火爆

2008年也有新亮点，这就是"亮剑长篇系列"。丛书包括了《天语》《聚变》《凯旋梦》《农村兵》《团政委》《战争黑客》《在何之洲》等7部小说，作者均为实力派作家。这些作品也与传统的军事题材作品有所不同，通过描写航空气象部队的变革、军事科技人才的成长、未来网络战争的演练，表现了新的军事领域与新的战争观念，及其成长于新时代新军人的新气质与风采。

年年岁岁总相似

纵观2008年北京图书订货会，总体趋势有三个方面。

一、图书类型化、专业化板块特色的倾向在加强

相当一些出版社的图书类型化的倾向在加强，以人物传记、财经、少儿教育、工具书等专业化板块特色亮相，每一种图书都以系列形式集中推出，结束散兵游勇状态，大规模出现，从视觉和感觉上吸引人。如玄幻、惊悚、青春、官场、时政类选题，从小系列到大丛书，都相当成气候。

二、"订货"功能逐渐弱化

如今图书营销和交易的渠道越来越便捷，比如很多客户只要通过网络就可以知道出版社新的出版计划，全国图书订货会的传统订货功能，已不再是业界关注的重点，随着出版业市场机制的介入，北京图书订货会的功能也由原来的单一、纯粹的订货功能，延伸出更加丰富的内涵，诸如产品展示、信息交流、版权贸易、书稿交易、书业论坛等项目。

从某种程度上说，随着"订货"功能的逐渐弱化，北京图书订货会已成为出版商和经销商行业聚会和交流的平台。对新华书店等图书经销商而言，电子商务的快捷固然带来足不出户照做业务的便利，但社店之间面对面的信息和情感交流是网络和电话远不能替代的。通过全国图书订货会加强沟通，互换信息，判断市场，增进友谊，已成为大家更为看重的功能。

三、民营文化公司策划能力强，服务热情周到

书是传播知识、文化、思想的载体，目前的书业经营环境，是读者到了书店一头雾水，不清楚有什么好书值得一读。因此，通过信息传播激发了人们的阅读欲望就成为了关键。但我们出版社在策划和销售图书时却没有去认真地与读者、作者和书店合作。而民营文化公司却做得非常好，他们事先做了充分的市场调查，拥有各方面的作者资源，并有畅通的销售渠道。更重要的是，他们的广告、介绍切中读者的心理，销售服务热情周到，使他们具有极强的亲和力。

无限风光在何处

历经三天的北京图书订货会后，针对本次订货会的特色和变化，我有一些简略而不成熟的思考。

一、做书要像商人一样思考

不但要花时间在内容编辑上,更要投资时间在图书的策划和营销活动上。首先找到下面几个关键问题的答案:

1. 我的读者是谁?

2. 读者买书的理由是什么?

3. 用什么方法找到读者和合适的作者?

4. 营销预算是社么?

5. 今年的销售目标是什么?

集中面对上述5种目标,采用的有计划的生产和营销策划,在宣传和联系方面做出彩,才可能成功。

二、必须加强图书整体策划意识

首先,对图书的选题策划上,注重选题的系列性、规模性。以成套图书出击市场,既可以从视觉、声势上吸引人,又在某些程度上节约了书号资源。

其次,加强图书出版前后各个时期的宣传。出版前,对作者及其作品从各个方面在各种媒体上进行不同的报道、评论,甚至是争论。编辑过程中加强图书的整体设计。图书面世后,积极开展多种形式的宣传营销活动。

三、注重图书内容质量而不片面强调图书品种

积极策划套书、丛书,从各个方面全面、深入地表现某一主题,以形成品牌,不因追求品种的多样性而分散精力、资金,致使图书从选题策划到营销都受到不良影响,无法突出重点和特色,最终造成图书的大量积压。

四、编辑和发行员直面市场,充当图书与市场的桥梁

发行员应向编辑了解图书的内容简介和图书特色,在宣传

介绍图书时表现出来的能力不应该逊色于图书的责任编辑。发行员要热情，对图书市场了然于胸，才可能占到先机，抓住市场。

  由于图书订货会已成为出版商和经销商行业聚会和交流的平台。全国图书订货会通过产品展示、信息交流、版权贸易、书稿交易等项目来加强沟通，互换信息，判断市场的功能在不断加强，编辑只有了解市场，才可能策划出适应市场的好书，因此，编辑参加订货会也就显得相当必要和重要了。

二〇〇八年九月三十日

高原上倔强的独行者

十多年前,我在西海固工作,听说当地有个痴迷于写诗的人叫单永珍,随后关注了他的一些诗作,感觉还不错。大概是2000年,因为我的一首诗发在《六盘山》,一个同事在街上碰见我,对我说,他旁边的人就是单永珍(当时他是《六盘山》的诗歌编辑),我很吃惊:焦黑的皮肤,纷乱的头发,背着一个松松垮垮的包。一问才知道,这家伙刚从青藏高原归来,浑身的酥油味和羊肉味。

这一去,好像站在了世界屋脊之上,接受了高原的灵性,单永珍的诗风大变,西部,成了他割舍不去的情人,紧紧与他的生命融合在一起。

> 扛一袋西风
> 盛一碗寒露
> 瓦亭的屋檐下
> 一个蜷缩在羊毛里的皮贩子
> 喊着——
> 冷啊
> ——《瓦亭:西风中的九章秋辞》

如果是午后，如果是清洁的手抽风
不妨看看丧家的地主家的牦牛长吁短叹

——《尕朵觉沃》

穿过青藏铁路的藏羚羊卸下惊恐
唐突的马，翻晒爱情
一群巡逻的鹰列队向落日敬礼

——《唐古拉》

这些典型的西部形象在单永珍的笔下，把理性上不可理喻的事物变成可以具体感知的事件，并借助他奇妙的个人修辞学，使我们在语言的开掘过程中，让一些事件，一些细节，一些虚幻的真实，一些关乎个人心灵的认知溶解于作为历史与现实语境的象征世界。

声声雁鸣，飞不过一截秦长城的阴影
一根蜿蜒的贵族腰带流落民间

——《西海固：一截秦长城》

戈壁里的驼队，背对遥远的东方
他全部的力量，来自一只蠕动的蚕

——《嘉峪关：落日一瞥》

一匹蒙古马的嘶鸣是我雪域高原上写下的箴言

附　录

　　它足以拯救

　　一个人内心的颓废部落

　　　　　　　　　——《途中：部落的马》

　　这样的诗歌，在西海固诗人当中很少见。这是对历史的认知，也是对心灵的慰藉，更是对生命的深情关怀。虔诚是单永珍写作的原动力，他的文字总有一种敬畏之心。有了这颗敬畏之心，他观察事物的角度就有所不同，写出的诗句就与别人不同。他对语言的磨砺，对事物的敏感，让我时常在他弥漫的文字中读出好来。

　　我在编辑他的第一本诗集《词语奔跑》时，被他深入骨髓的悲悯意识所吸引。这种意识在他十多年的写作生涯中贯穿至今，从原来的大悲大悯，到后来的大彻大痛，他的写作一直把自己逼到极致，就像在悬崖边舞蹈。

　　这些年，单永珍一直奔走于西北的草原、戈壁、大漠、雪山之间，一脸的疲惫，一脸的忧伤，一行行地写下奇绝壮美的诗篇。他算是一个真正意义上的行吟诗人了，不同于一些诗歌写作者，捡拾一些陈谷子烂麻子的小情绪，加一点关怀，调一点忧郁，撒一撮哲理，没心没肺地写着那些麻木的诗歌。而单永珍的诗，更关注生长的土地，关注土地上的人们，正如安奇所评："歌唱者最终揭示了自己的内心，只不过，他不是以虚假的方式缥缈陈述，而是将自己的胸膛用一把解腕尖刀剖开，将心中的鲜血泼洒在生存的西部大地。"

　　让狂风把所有的尘土吹进我的眼睛

> 喑哑的痛苦使我茫然四顾
> 心情是一把割尽麦子的镰刀
> 射出冷凝渗骨的光,泪水四溢
>
> ——《宁南山区》

> 故乡的春天,我所能祭献的是一场如丝的小雨
> 为沉默的父老乡亲点燃希望的风景
>
> ——《春天的献诗》

> 今年旱了,主啊
> 请把你南方的雨水赐予我北方的心伤
>
> ——《今年旱了》

我喜欢单永珍身上的匪气,喜欢他的反讽、夸张、变形,喜欢他语言上的特立独行。他的诗歌有时甚至不讲道理,比如《昆仑 昆仑》:

> 千万不要说出:昆仑 昆仑
> 就像一个通灵的孩子看见了神
> 他说:昆仑 昆仑

你说他的意识是混沌初开,还是大彻大悟;是童言无忌,还是禅意四溅。他更不讲道理的是写《青海 青海》这首诗时,第一句散漫得像散文诗,他总是一脸无辜地强调,那就是诗,绝对不是散文诗。不过,他总是有道理,我暗暗希望,他用不

讲道理的方式写出最讲道理的让我们喜欢的诗来。

  当然，诗歌写作对语言的要求是节制，把减法写作当成一种追求和自觉，使诗歌能让人读后眼前一亮，有兴趣再读一遍。就像卡尔维诺在《为什么读经典》中所说，所谓的经典就是"那些你经常听人家说我正在重读，而不是我正在读"的书。

  高迥的西北大陆是单永珍自我放逐的灵魂居所，他跳出主流意识的羁绊，一味地与生活对话，与生命对话，如同囚徒面壁。这个有信仰的回族诗人，穿梭于寺院、帐篷、黄泥小屋，他的诗歌有着举意和理想，暗怀黎明的荣光，独行在路上。

    我走在青海的土地上，我突然听到一句
    "黄河之水天上来"，顿时热泪盈眶
    在与你擦肩而过时，诗歌，我背一袋精良的种子
    种在老家的麦田里，人声喧哗的时候，大声歌唱
            ——《与诗歌擦肩而过》

    春天的宁夏，寂寞的夜晚漫长而寒冷
    是谁为歌声而沉醉
    是谁在朴素的洗礼中为美舞蹈
    又有谁能够把生命祭献，以血言志
    谱写高高在上的墓志铭
    我知道，为你的歌声失语于诗歌者
    别无他人
            ——《歌唱或独白》

当他独旅于文明世界的边缘地带时，他时常用亢奋、嘶哑的喉咙打来电话，讲述一段他的阅历和悲伤。这时，我的眼前会呈现出两个定格的他：一个幽默得一塌糊涂的人，一个老实得像老树根的人。

> 西北风是什么？只是旋律
> 劲酒是什么？只是骨气
>
> ——《大地上的行者》

他对朋友率直、热情，只要你怀揣着诗歌的信仰，来到宁夏，这个在宁夏西海固角落里的家伙，一定会嚎叫着冲出来，请你饮干劲酒，饮出一身豪气。

高原上独行，他用自己的仪式诠美着内心的宗教，这种宗教，就是属于他的诗歌，他的文学世界。这个世界是他的，是我的，也是你的。

二〇一〇年十二月

以史为马的人
——评邱新荣先生《大风歌诗丛》

邱新荣先生诗歌的数量很多，目前由我编辑出版的《大风歌诗丛》系列有《晃动的风景》《青铜古谣》《脸谱幻影》《长歌短调》《风老青铜》等十六种及《史·诗——邱新荣历史抒情诗精选》。他曾获得自治区宣传部、文联、作协举办的诗赛一等奖。有作品被选入《中国新诗1998》。

由于本人阅读有限，更由于邱新荣先生非常低调，在我作为该系列丛书的责任编辑之前，我竟然不认识邱新荣先生。最初认识他，并非编辑他本人的诗歌，而是一个偶然的机会。邱先生是一位做事雷厉风行、非常认真、追求完美的人。那是2008年初，他当时还在石嘴山担任报社社长、宣传部部长，他负责主编一套宣传石嘴山的图书，责任编辑是我同一编辑室的一位同事，他当时出差了。邱先生和他一位副手来了，他对副手很坚决也很认真地说，今天必须要把封面设计修改好确定下来。我见他态度坚决、认真，而且他们大老远来一趟也不容易，就主动陪同去设计的地方修改封面。邱先生对封面上的每一个细小的图案、花纹，每一处文字的字体、字号、位置都不放过，一遍一遍地亲自盯着修改。他给我留下的第一印象就像他的外表：简洁却精心修饰，干净而富有精神。他对工作的认真甚至到了严苛的地步，对任何一点儿细微的不如意都绝不放过，不留情面，这种精神感染了我，也激励了我。但工作之余他对人却非常友善。他的副手，后来我才知道也是大名鼎鼎的宁夏诗坛前辈马钰先生，在背地里对我大加夸赞邱先生的工作能力和为人。就是这次偶然的相识，使我后来有幸成为他这一系列诗丛的责任编辑，使我有幸能率先阅读到诗人别有特色的作品，切切实实地感受到诗人创作的整体思想、艺术风貌，更全面地了解了他。

邱新荣先生是一位用历史、用人格写诗的诗人，而不拘泥于个人情感和生活化叙述。诗人创作的每一首诗可以说都是一道独特的风景。诗丛从盘古开天到一直写到了秦汉，相信勤奋而执着的邱新荣先生一定会坚持写到明清甚至现代。

诗人以诗歌的方式对历史进行叙述和探求，对生命意义和社会的演变进行了还原。诗歌语言基本上由叙述和抒情的成分组成。语言返璞归真，机智却充满了智慧和哲理。他在书写历史时用平实的语言把历史的厚重扒开，让更多人能够轻松阅读下去，直面去重视和审视历史。语言表达上看非常朴实、简单，表达思想和情感有时很直接，但是并不能掩盖他对历史有着非常清醒的审视和把握，显示了诗人对历史的一种深刻的思想认识。

诗人对历史的叙述当然没有采用史学家的编年体、纪传体或是纪事本末体，而是以事件、人物，或是事物为点，通过叙述把那些遥远的历史事件人物、事物变成可以亲近，可以具体感知的，并借助他的抒情，引起读者最大范围的共鸣，使诗歌避免不知所云，使历史避免抽象，使思想避免玄妙高深，使每一首诗都给人以历史的启迪、心灵的洗涤。诗人从始至终都坚持站在独特的角度，从历史中感受不同的情感，以前所未有的亲切感、平常感以及思想性来体现诗人对人类自身发展的认识和反思，意象清新，注重情感，注重语感。

诗人站在历史的旷野之上，用纵深的眼光看待历史和现实，对整个历史和时代进行深刻反省。在诗里，诗人与历史是统一的，潜心阅读，可以感受到诗人对历史的熟知与思考，感受到诗人的勤奋和博览群书，对中国历史了如指掌。诗人通过对民族历史的"新编"和"重述"，扮演了一个历史公正发言人的角色，试图通过历史来反思社会，反思人生的公平、高贵和正义。对历史判断、品读和价值观的重构，凸显了诗人从历史的各个方面，给现实中迷失、迷茫或者追寻的个人一个自我认识、自我提升的有效途径。如果学识和人格没有达到邱新荣先生这样的高度，就不可能写出这样具有历史感和思想感的诗歌来。他对历史题材的诗歌坚守，铸造了他"史诗"写作的风格，也铸造了他"智者"诗人的形象。他把"诗"与"史"与"人"互动、互造，诗歌与人格互相映照。从诗人的创作中，我们可以看出诗人对历史的敬畏，对诗歌的敬畏，对灵魂的敬畏。他笔下的每一件历史事件、人物、事物背后都有诗人高贵的灵魂，都有一种值得我们学习和反思的情怀。这些东西都是诗人思想和灵魂的化身，从而使我们感受到诗人的博学与高贵品质，使我们认识到诗人对待历史的态度。

一个诗人必须活在当下，不能陷入到历史虚无主义之中，认识到向历史纵深去寻找和丰富当代人的思想具有现实意义。我们首先来看诗人的序诗中的一首《传媒者》。

传媒者

真实的描写一块石头的浪漫

真实地记录生长的稻田

让事物与事件的真相

得到最准确的再现

亲历一次种子的发现

亲历战场上的硝烟

在一座断桥下

凝视焦点

在一片喧嚣声中

思考沸腾的场面

目光的久远

在穿越历史之后

又会停驻在现实里边

手的沉思与挥洒

使逻辑的运行

更加勇敢

在辽远的天空下

精心制作

并传播一个惊人的画面

心中的焦虑与忧患

是篇章结构

是文章的诉说与平淡

把风景与情节

附 录

做出合理的铺展
诗的跳动在其间
诗是结论
是铿锵有力的观点

　　这是一首宣言的诗篇，主题非常深刻。他曾经是一个媒体人，担任过报社总编，他用自己的行动、自己的诗歌践行着媒体人的职业操守。诗歌的内容很简单，但是在诗中媒体人是有高度价值观、责任感的，也是很有人格尊严的。
　　诗人的诗歌几乎都是在描述历史中的事件或人物，借事抒情，或是托物言志。对于像诗人一样的智者，我是非常崇敬的、赞美的，诗人的诗歌就是诗人精神与灵魂的表现。
　　诗人通过历史会给人们理性、智慧、公正，把诗人自己及一代人的价值观投射到历史之上，是一位具有深刻历史感的诗人。他似乎时刻在打量着历史，审视着历史，以诗歌的形式注入自己的思想内容，诗人把所有的人和事呈现在读者面前，以事与人本身打动人，以对历史的思想者的姿态替诗人发表思想宣言，直接抒发自己心中的情感来打动读者。可以说，诗人的每一首诗可以作一个社会历史学的解读，有着思想、政治、文化方面的含义。比如《王莽之死》中写道"一项皇冠的沉重/超出了常人的想象/头颅的不堪重负/亦已不可思量/颐使气指的日子/一切都很辉煌/耀武扬威的时刻/自己是自己崇拜的太阳/但大限已至/一切都很荒唐/兵器们各行其是/勒令萎缩成废纸一张/溃败成为定势/叛逃已势不可挡/"。这对当前一些独断专行，权力欲熏心的领导有着极强的借鉴意义。

而对于铺张浪费，对于过度奢侈的生活，作者更是进行了愤怒声讨，比如《愚痴的金缕玉衣》，"这是千家万户的哭声/在这里忧伤地灿烂/这是干旱土地上的裂纹/在这里绝望地呼喊/这是金的崩溃/这是玉的灾难/每一缕丝都是一条路的绝断/每一片玉都是一抹微笑的消散"。同时，也对我们这种骄奢生活进行了鞭笞。"是我们的目光最软弱时/被欺凌 被轻慢/是我们的自尊/被阉割 被强奸/"。诗人揭示了奢靡生活带来的社会灾难，以此唤醒读者要坚强要自尊，要节俭，要反对奢侈。

每一个诗人都是一个对爱情充满幻想和希望的人，邱新荣先生也不例外。他通过对历史人物的描述，表达了自己的爱情观。比如他的诗歌《刘秀的爱情故事》，他认为真正的爱情是纯洁的，美好的。"阴丽华是一张脸/是刘秀在城里看到的春天/那张脸上没有语言/只有端庄的笑 只有青春的甜/呵 娶妻当娶阴丽华"。而一个男人拥有了爱情，就拥有了一份责任，一份担当，一份进取，"就为了青春的一眼/就为了那种惊心动魄的脸/一个男人的征战/一个男人的获得/一个男人的凯旋/都是有了方向性的圆满"。从某种意义上说，爱情是一个男人奋斗的动力。而对于一个女人来说，无论地位如何变化，时光如何流逝，爱情就是一份平静，一份恬然，一份永恒的守候。"阴丽华为后/依旧是那张春天的脸/一片树叶那样简单/不过多获取/不非分期盼/保证内心的平静与安然/让一个男人/永远享受第一眼看到的春天"。正是女人这种永恒不变的爱，这种不过多获取，不非分期盼的态度，让男人更加挚爱，"娶妻当娶阴丽华/阴丽华平静地守候着自己的另一半/一直守成了一座坟/坟中还是两个人的春天"。

这首爱情诗和我们平常看到的爱情诗不同，他把爱情与政治联系在一起，却又将政治与爱情截然分开，这首诗采用了典型的散文写法，是没有夹杂作者任何感情的零度叙述，语言十分简单和平淡，让人感觉他们的爱情和婚姻完美的统一和永恒。这恐怕是长期来诗歌对爱情的火热表现或崇高立意的一种有力解构。

　　诗歌是中国传统文化的重要组成部分。诗人对传统文化很重视，在题材中选择"史"，在语言上追求"史"，在选材上追求"点"，形成了诗人独特的"史话"诗歌风格。但是作者并不排斥任何不同于自己风格的写作形成和写作风格。诗人在《大风歌诗丛》三部分的序诗《缪斯主持的诗聚》《水煮名著》《百业为诗》充分表达了诗人的诗观：优秀的作者、优秀的著作无论流派、无论体裁，优秀的职业操守无论行业，都是一首诗，一首令人钦佩、令人学习、令人追求的优秀诗篇；诗要真诚，要平易近人，要关注人生，重视个人操守，要追求高度的文明。这些序诗是诗人对历史、对社会、对人生、对文学做出的总结性的思想宣言。我个人认为，这些序诗的艺术价值不可否认，但它的思想价值与历史价值，要远远大于它的艺术价值，是值得我们每一个人去认真品读，认真思考的。

二〇一二年五月